合伙制
律师事务所
治理理论与实务

钟国才 ◎ 著

中国法制出版社
CHINA LEGAL PUBLISHING HOUSE

前　言

我国律师制度自 1979 年恢复以来，已有 40 多年，并且发生了翻天覆地的变化。律师事务所从无到有，律师人数从少到多，律师业务从传统的民商事和刑事案件代理拓展到非诉讼的企业兼并、重组破产、资本市场乃至国际投资。律师管理体制从纯国有化发展到国有、个体、合伙三者并重。但我国律师业仍然表现出发展地域不均衡、发展水平参差不齐等特点，一些律师事务所的管理仍处于摸索阶段，其短板效应制约着律师事务所的长远发展。

当前，对律师事务所管理的研究对象较为狭隘，呈现出碎片化特点，如对律师事务所的组织形式、智力资本、营销、战略、薪酬、分配体制和激励等的研究就没有形成系统，而且研究的深度有限，多数是制度介绍。这种研究结果对律师业的实践活动的指导意义不大。

本书以 DS 律师事务所作为研究案例，选择该案例的原因在于 DS 律师事务所有 20 多年的发展历史，取得了较大的成就，处于当地律师业的第一梯队，但也存在发展的瓶颈问题。本书在企业理论、资源依赖理论、平衡计分卡理论、学习型组织构建理论的指导下，结合 DS 律师事务所现状，提出了四个重点研究问题：律师事务所合伙制存在的本质特征以及选择合伙制的原因；律师事务所需要战略管理并实施战略的动因；适合律师事务所合伙人绩效考核的体系是什么，以及考核指标的确定原则；作为一个知识密集型的组织，如何通过建立学习型组织保持律师事务所的竞争力。通过对这四个问题的研究，本书目标在于研究律师事务所治理结构与公司绩效之间的因果关系和路径指向。

本书基于中国知网和 DS 律师事务所的历史文档，对 DS 律师事务所所在地行业内 16 家律师事务所 18 位合伙人的访谈数据，以及 DS 律师事务所内部的 61 个员工（包括合伙人和律师）的问卷调查第一手数据，进行了归纳分析，得出四个结论：

第一，合伙制治理结构对律师事务所的组织绩效有正向的影响作用，是以"人合"为基本特征的律师事务所治理结构之必然选择。

第二，在多变的完全竞争市场环境中，公司战略对于保持竞争优势和达成公司经营目标，具有正向作用。

第三，基于合伙制和公司战略，需要有一个能够体现其两者特征的绩效考评制度，才能在律师事务所日常经营中保持正确的方向、理顺内部管理流程，并激励知识型员工，平衡计分卡是最佳选择。

第四，建设和维持学习型组织的氛围是一个很好的情境因素。

在案例分析基础上，本书归纳得到研究命题所关联的七个构念，分布在组织层次和个体层次。个体层次有两个构念：合伙意愿和个体学习能力；组织层次有五个构念，分别是：合伙制治理结构、公司战略、合伙制绩效考评体系、组织学习能力、律师事务所绩效。基于这七个构念的关系，得出了相应的命题，分别是：

命题1：合伙制治理结构对律师事务所绩效具有显著影响。

命题2：公司战略对律师事务所绩效具有显著影响。

命题3a：合伙制治理结构通过合伙制绩效考评体系的中介作用影响律师事务所绩效。

命题3b：公司战略通过合伙制绩效考评体系的中介作用影响律师事务所绩效。

命题4a：合伙意愿调节合伙制治理结构与合伙制绩效考评体系之正向关系。具体而言，较强的合伙意愿，合伙制治理结构对合伙制绩效考评体系的正向作用更强，反之，该作用更弱。

命题4b：合伙意愿调节合伙制绩效考评体系在合伙制治理结构与律师事务所绩效的中介作用。具体而言，较强的合伙意愿，合伙制绩效考评体系的中介作用更强，反之，该作用更弱。

命题5a：个体/组织学习能力调节合伙制绩效考评体系与律师事务所绩效正向关系。具体而言，较强的个体/组织学习能力，合伙制绩效考评体系对律师事务所绩效的正向作用更强,反之,该作用更弱。

命题5b:个体/组织学习能力调节合伙制绩效考评体系在合伙制治理结构与律师事务所绩效的中介作用。具体而言,较强的个体/组织学习能力,合伙制绩效考评体系的中介作用更强,反之,该作用更弱。

命题5c:个体/组织学习能力调节合伙制绩效考评体系在公司战略与律师事务所绩效的中介作用。具体而言,较强的个体/组织学习能力,合伙制绩效考评体系的中介作用更强,反之,该作用更弱。

归纳起来,本书通过对律师事务所治理结构的分析,证明律师业采取合伙制的合理性,然后从合伙意愿着手分析合伙的实质和逻辑,指出合伙人对合伙组织的资源贡献,包括客户资源、人力资源和社会资本资源,其中人力资源是合伙人合伙的基础条件,也是确定律师事务所竞争优势建设方向和合伙人利益分配的重要因素。本书从公司战略的视角,探讨律师事务所的战略观是基于资源观的资源禀赋优势战略。合伙组织的核心任务是对合伙人个体资源的转化和自身资源的创新,并从中培养核心能力,形成事务所的持续竞争优势。而保证上述事项完成的办法是将律师事务所建成学习型组织并进行相应的柔性管理。研究采取平衡计分卡的方法,总结出一套相对完整的关键指标,在律师事务所的战略实施过程中对合伙人进行绩效考核,并将考核结果直接与利益分配相联系,形成对合伙人的正向激励,从而正向影响律师事务所的绩效。

目录 Contents

第一章 绪 论

第一节 研究背景和研究意义 ………………………………… 3
 一、研究背景 ………………………………………………… 3
 二、研究意义 ………………………………………………… 6
第二节 文献综述和研究问题 ………………………………… 7
 一、现有文献综述 …………………………………………… 7
 二、研究问题 ………………………………………………… 14
第三节 研究方法 ……………………………………………… 16
第四节 研究思路框架 ………………………………………… 17

第二章 合伙制律师事务所治理的理论研究

第一节 组织理论 ……………………………………………… 23
 一、国内文献研究 …………………………………………… 24
 二、合伙制是律师事务所组织形式的第一选择 …………… 25
第二节 合伙的意愿 …………………………………………… 30
 一、合伙理念的认同 ………………………………………… 31

二、共同的使命、愿景和目标 …………………………………………… 34
三、提供合伙的资源 ……………………………………………………… 35

第三节　基于资源理论的竞争优势 …………………………………………… 42
一、战略理论的历史回顾 ………………………………………………… 43
二、资源基础观的主要观点 ……………………………………………… 45
三、资源与战略资源 ……………………………………………………… 46
四、能力和核心能力 ……………………………………………………… 48
五、知识与战略知识 ……………………………………………………… 49
六、知识员工与核心知识员工 …………………………………………… 50
七、个体学习与组织学习 ………………………………………………… 51
八、动态复杂环境下的柔性战略 ………………………………………… 56

第四节　平衡计分卡 ……………………………………………………………… 58
一、平衡计分卡的发展 …………………………………………………… 59
二、平衡计分卡的构成 …………………………………………………… 60
三、化战略为行动 ………………………………………………………… 63
四、以战略地图为导向的战略实施路径 ………………………………… 66
五、平衡计分卡与激励挂钩 ……………………………………………… 68
六、平衡计分卡的实施 …………………………………………………… 68

第五节　绩　　效 ………………………………………………………………… 70
一、绩效的定义 …………………………………………………………… 70
二、战略性绩效的管理 …………………………………………………… 70
三、绩效评价的原则 ……………………………………………………… 71

第六节　激　　励 ………………………………………………………………… 72
一、激励概述 ……………………………………………………………… 72
二、激励的相关管理学理论 ……………………………………………… 72

第三章　律师事务所治理的实践探索

第一节　案例选择理由及公司概况 ……………………………………… 81
　一、案例选择理由 ……………………………………………………… 81
　二、案例公司概况 ……………………………………………………… 83
　三、企业合伙制现状和管理瓶颈 ……………………………………… 84
第二节　数据收集及数据特征 …………………………………………… 86

第四章　律师事务所的合伙人治理的实践研究

第一节　合伙人的入伙 …………………………………………………… 91
　一、专业人员的执业生命周期 ………………………………………… 91
　二、合伙人与资源在发展中的错位 …………………………………… 92
　三、吸收新合伙人的原因 ……………………………………………… 93
　四、吸收新合伙人的时机 ……………………………………………… 95
　五、晋升合伙人的条件 ………………………………………………… 95
第二节　合伙人资源的转化与资源共享 ………………………………… 96
第三节　合伙人的机会主义行为 ………………………………………… 97
第四节　合伙人的绩效考核 ……………………………………………… 101
　一、采用平衡计分卡作为考核技术的原因 …………………………… 101
　二、确定平衡计分卡绩效指标的原则 ………………………………… 101
　三、财务维度指标 ……………………………………………………… 102
　四、客户维度指标 ……………………………………………………… 103
　五、内部业务流程维度指标 …………………………………………… 105
　六、学习与成长维度指标 ……………………………………………… 106

七、时间维度 ·· 109
　　八、绩效考核的管理机构 ···································· 109
第五节　合伙人的利益分配 ··· 109
第六节　合伙人的退伙 ··· 112
　　一、退休制度的确定 ·· 113
　　二、退休前的利益分配调制 ································· 113
　　三、合伙人退伙的补偿 ······································· 114
　　四、合伙人退休前的资源和能力传承 ····················· 114

第五章　合伙制律师事务所治理结构与绩效的案例分析

第一节　合伙制与公司绩效分析 ··································· 117
第二节　公司战略与公司绩效分析 ································ 122
第三节　绩效考核体系的中介作用分析 ························· 127
　　一、合伙制与绩效考核体系关系 ··························· 127
　　二、战略管理与绩效考核体系 ······························ 131
　　三、绩效考核体系与企业绩效关系 ························ 132
　　四、DS 律师事务所绩效考核体系 ························· 133
第四节　合伙意愿调节作用的量化与质性分析 ················ 137
第五节　个体学习和组织学习的调节作用分析 ················ 140
第六节　研究命题的提出 ·· 146

第六章　理论贡献和管理启示

第一节　理论贡献 ··· 153
　　一、对企业理论和公司战略理论的贡献 ·················· 153

二、对平衡计分卡理论的贡献 …………………………………… 154

　　三、对学习型组织理论的贡献 …………………………………… 154

第二节　管理启示 ……………………………………………………… 155

第三节　研究结论和研究局限 ………………………………………… 157

附　录

附录 A　律师事务所合伙人访谈问卷 ………………………………… 163

附录 B　DS 律师事务所员工调查问卷 ………………………………… 165

参考文献 ………………………………………………………………… 167

　　一、著作类 ………………………………………………………… 167

　　二、论文类 ………………………………………………………… 168

　　三、外文类 ………………………………………………………… 177

第一章
绪 论

第一节 研究背景和研究意义

一、研究背景

改革开放后我国经济快速发展，各行各业对律师的需求逐渐显露出来，巨大的市场需求使律师行业发生了翻天覆地的变化。其变化过程可以分成三个时期：

①恢复期（1978—1988年）

这一时期律师从业人数和律师事务所的数量都不多，规模也不大。1980年公布的《律师暂行条例》第一条规定，律师是国家的法律工作者。律师的身份仍然是国家工作人员，无须参加律师资格考试，由行政管理部门进行任免和调度。律师事务所由各地司法厅、局设立，并接受其行政管理，律师事务所的收入归属国家。

这一时期律师的业务以传统的民事、刑事诉讼案件以及法律顾问业务为主，非诉讼业务处于摸索阶段。

②起步期（1988—1993年）

这一时期我国开始了对律师体制的改革，确定了律师资格考试制度，逐步设立不占用国家编制和实行自收自支的律师事务所，开启了律师的自主创业，允许设立合作制律师事务所。同时调整司法机关对律师工作的管理，强化了律师协会的作用。律师的业务范围已大幅度扩大，特别是行政诉讼案件和非诉讼法律业务。经过这个阶段，全国性的律师事务所网络已初步建成。

③快速发展期（1993年至今）

1992年，党的十四大报告明确提出，要建立和完善社会主义市场经济体制。在此背景下，国家也倡导大力发挥律师事务所等市场中介组织的沟通和服务功能，随之产生了一系列的重大改革：律师资格考试改为国家司法从业资格考试；鼓励成立合伙所和个人所，并探索建立公职律师制度和法律援助制度。律师事务所的管理也进入相对规范和法律监管的层面。律师从业人员迅速扩大，律师事务所的规模也越来越大，千人级别的律师事务所不断涌现，各种律师联盟也蓬勃发展。

我国于2001年加入世界贸易组织，加快了与全球经济和社会的接轨，这给我国律师行业发展带来了重大变化。首先是业务量的大幅度增加，这是我国经济高速发展带来的必然结果；其次是业务领域的扩大，从传统的诉讼和法律顾问业务，扩展到资本市场、破产重整和对外投资等；再次是外国律师事务所的进入，产生了中外合伙型联营律师事务所，加剧了我国律师行业的竞争；最后是律师事务所的各种内部管理方法和技术也得到了发展。

虽然发展过程中问题不断出现、不断解决，但归纳起来，我国律师事务所的发展至少存在以下两个主要问题：

第一，从法律服务行业整体来看，我国律师事务所区域发展不均衡，整体规模偏小，成立时间短。与我国经济布局一样，律师事务所的发展出现"东部强、西部弱"的局面，既形成京津、长三角和珠三角这三大律师聚集地，也有西部省份的部分县律师数量极少的现状。目前，我国既有千人规模的大型律师事务所，也有10人以下的律师事务所。而且除原来由国办所改制为合伙所的律师事务所存续时间较长外，其余的律师事务所成立时间偏短。

第二，从律师事务所发展情况来看，一些律师事务所的管理还处于"粗放式"状态。除极个别大型律师事务所拥有较为成熟的管理经验外，大部分律师事务所都是"摸着石头过河"，边发展边思考如何管理。大部分律师事务所的组织形式是合伙制，但是有的却没有理解合伙的内涵和实质，执业律师还是习惯于"单打独斗"，律师事务所的业务就是各律师业务的简单叠加，这样就抛弃了合伙制的优势，形成了"大律师事务所，小团队"的松散合伙制治理结构。虽然许多律师事务所制定了公司战略目标，但是却没有贯彻实施，战略管理最终成为"空谈"，没有起到促进组织适应环境变化、实现发展的作用。综合来看，一些律师事务所的管理还有待进一步完善，有的律师事务所对合伙人和执业律师缺乏有效的管理，没有将合伙人的绩效考核与律师事务所的战略目标相联系，缺乏帮助公司战略在组织中贯彻落实的工具，这些在管理模式上的缺陷会影响到律师事务所的发展进步。以 DS 律师事务所为例，DS 律师事务所成立于 2001 年 1 月，已经有 20 多年的历史。它的发展历程与中国律师业的发展趋势基本一致，一方面，取得了巨大的发展，律师人数从 20 人扩大到 121 人，业务收入也增长了近 18 倍；另一方面，DS 律师事务所同样面临着管理的短板和缺陷，导致近几年律师事务所的发展速度缓慢。

综上所述，中国律师的发展既迎来长期发展的良好机遇，也面临着行业竞争加快的局面。传统的管理模式已经难以适应环境的变化，已经走到了向管理求发展、要效益的阶段，律师事务所急需探索新形势下的科学管理方法，这是律师事务所保持增长、提高绩效的根本途径。

律师事务所的经营管理事宜都由律师事务所中少数合伙人决定，隔绝了外部人员对律师事务所的观察，针对律师事务所治理的研究文献也比较少，在"中国知网"中搜索"律师事务所治理"关键词，仅有 146 条结果，表明律师事务所的治理并未引起许多学者的关注。从律师事务所特殊的组织形式角度探讨合伙制与公司绩效的关系也鲜有学者涉及，研究者主要有陈和、杨世信、彭正银等人，他们主要驳斥了合伙制企业效率低的论点，支持专业服务企业或人力资源密集型企业采用合伙制组织形式，其中陈和（2015）与杨世信（2018）等人运用实证分析证明合伙制组织形式更能提高事务所的绩效数据和综合效率。这些学者的研究对象都是会计师事务所，陈和的样本是美国排名前 100 的会计师事务所，杨世信研究结果的得出是相对于有限责任制会计师事务所的绩效，虽然会计师事务所也属于专业服务企业，但是与本书的研究对象律师事务所存在不同。会计师的业务中包含了重复性的工作，其性质决定了会计师必须依靠团队和事务所工作，而律师完全有能力单独展开工作，事实上许多律师事务所中的律师都是自己开拓业务和完成工作，所以现在众多会计师事务所内部都是公司化运营，而律师事务所对律师的约束比较少，只有少数行业领先的规模化律师事务所正探索律师事务所公司化管理。

所以，取自会计师事务所的样本并不能完全代表律师事务所，本书将结合案例分析探讨律师事务所的合伙制组织形式对公司绩效的影响。

二、研究意义

目前，律师事务所的管理结构中存在的问题基本上由合伙人自行协商解决。对合伙人的入伙和退伙、绩效考核、分工、激励、利益分配等制度，也都属于合伙人之间的秘密，不会对外公开，具有主观性、神秘性和封闭性的特点。这就限制了与律师事务所相关利益主体对其的观察和期望，也隔断了科研机构和其他第三方咨询机构提供专业帮助的可能性。对于律师事务所的治理与公司绩效的关系的研究，更是少见。因此，本书具有一定的理论研究价值和现实意义。

第一，有助于丰富合伙制治理结构的理论研究。本书认为律师事务所目前面临的困局与其合伙制组织形式有一定关联，所以从其组织形式着手，结合专业服务企业的特性，分析律师事务所选择合伙制的原因，厘清合伙人合伙的真正内涵，以及合伙制的内在治理模式，探讨合伙制管理模式的实施效果对公司绩效的影响，深化了合伙制管理模式的研究，由此在理论上有一定的创新意义。

第二，为律师事务所提高绩效水平、实现持续发展与成长提供实践指导。本书旨在探索律师事务所治理模式、战略管理以及绩效水平的关系和作用机制，首先分析合伙制管理模式实施效果的影响，其次基于战略管理理论的资源基础观，提出律师事务所都应该根据拥有的资源选择合适的战略，运用绩效考核体系考察合伙人在战略实施中的作用，将结果与其利益分配相挂钩，实现对合伙人的有效管理，最后探讨合伙意愿、个体学习和组织学习能力在律师事务所治理中的作用。而选取律师事务所为样本进行的案例研究可以对理论进行检验，填补了学术界在该领域研究的不足。

第三，有助于律师事务所制定和实施战略。企业要想适应环境变化并不断成长，就需要战略管理，但是律师事务所组织的战略管理还是鲜有学者涉及。已经有部分合伙人注意到了战略管理的重要性，但是却不清楚如何制定战略和如何实施战略。因为律师事务所不同于其他的传统企业，它的竞争优势一般来源于它所拥有的人力资本和客户资源，所以本书提出律师事务所应该基于自身拥有的资源和能力结合 SWOT 分析制定战略，再借助平衡计分卡作为战略实施工具，帮助律师事务所实现战略目标。

第四，有助于律师事务所建立科学的绩效考核体系。本书提出对合伙人进行绩效考核，借助绩效管理工具对合伙人实施有效管理，鼓励合伙人发现自己和组织存在的优势和不足，通过改进不足或发挥优势来提高个人和组织绩效。本书采用了平衡计分卡的"平衡"理念，从财务、客户、内部业务流程、学习与成长四个层次围绕战略实施选择合伙人考核的关键性指标，评价合伙人的业绩并构建利益分配的原则和标准，实现了律师事务所的战略目标与合伙人绩效考核的融合，有效防止了合伙人和律师事务所"两层皮"、貌合神离的现象，以达到合伙人同心同德和齐心协力地为律师事务所的共同愿景而努力工作的目标。还探讨了合伙制治理结构、公司战略与绩效考核体系之间的关系，以及对公司绩效的作用机制，总结出律师事务所绩效的影响机制。

第二节 文献综述和研究问题

一、现有文献综述

现在理论界对律师及律师事务所的研究深度不够，已有的研究大多是描述性的文章，理论创新较少。现存研究领域主要集中在律师事务所的组织形式、智力资本、营销、战略、绩效研究和薪酬制度等方面。

（1）律师事务所的组织形式

程守太（2010）认为决定律师不同的责任配置是区分组织形式的关键。

个人独资制承担无限责任，公司制中律师承担有限责任，合伙制中合伙人承担无限连带责任。他认为律师服务所的特性和律师事务所的责任类型决定律师应该承担无限连带责任。又由于律师之间的可区分性强、责任分立容易，所以可以免除无限连带责任，因此律师事务所应采取有限责任合伙。合伙律师对其职业不当承担无限责任，但不必为他人的责任承担无限连带责任。

张建云（2001）认为为了适应法律服务市场的需求，应建立股份制律师事务所，执业律师的对外执业风险按股份比例承担有限责任。

金鑫（2003）认为应该设立公司制律师事务所，降低集体和律师个人的风险承担和提高律师事务所的竞争力。他还具体讨论了公司制律师事务所的各项具体制度。马雪梅（2004）持同样观点。

廖中平（2018）在回避讨论组织形式性质的前提下，主张律师事务所实行公司化管理，即按照公司制企业，分离投资者和经营者，设立三会（股东会、董事会、监事会），认为这样满足律师事务所的规模化、国际化、专业化以避免合伙制律师事务所 Eat What You Kill 及 Lock Step 模式（自食其力及论资排辈模式）。

武宗章（2015）认为公司制和公司化管理是两个不同的概念，他不反对律师事务所组织形式的多样性，但应该采取公司化管理模式，具体可以通过团队予以实施。

连婕（2013）认为公司化管理不适合诉讼律师，因为律师特别是诉讼业务律师，需要更多的灵活性，公司制对其约束太大，公司制适合于非诉讼律师组成的律师事务所。律师事务所应该务实地采取半公司化管理模式，即分成两部分管理，一部分是纯公司化管理，另一部分是灵活地采取提成制管理。

赵时康（2019）认为规模化律师事务所的公司制要素主要包括两权分立、有限责任制度、法人治理结构以及总部和分所的关系四个主要方面，并主张适当放宽律师事务所投资者身份限制，加强有限责任保护，保护债权人利益，建立类似法人治理的组织机构。

朱小平、叶友（2003）采取企业理论的角度，从企业的剩余求偿权与控制权的对应,监督与激励的平衡,劳动者管理型企业的特点和决策的有效性四方面论述会计师事务所的组织形式应该采取合伙制。这些论点及论据同样适用于律师事务所。

徐强胜(2008)从法经济学的角度,认定企业是资源的整合系统。各种企业形态针对不同的资源组合方式,其中律师事务所的组织形式还是采用合伙制为宜。

笔者认为,现在对律师事务所组织形式的研究,更多的是从法学角度而非管理学视角,所以只围绕责任配置讨论。对于公司化管理的研究,较少关注公司化管理机制优越性和具体技术方法,多限于三会(股东会、董事会和监事会)的建设,公司化管理与合伙制在律师事务所的管理中并非水火不可相容,但是组织的本质以及组织形式与组织管理方法的制约因果关系才是问题的关键。至于半公司化管理模式,只是一种现阶段的管理技术组合,学者对其理由的论述没有说明其是否能够长期存在和以后可能的变化趋向。

(2) 律师事务所的智力资本

傅强(2003)指出律师事务所的资本包括人力资本、关系资本和实物资本。应该确认各资本主体的剩余分配权,他主张律师事务所实行公司制,还提出了公司制下的产业化弊端防范,具体的保护措施包括限制律师事务所向社会融资,维护律师事务所的独立性、保持控制权新鲜流动、控制灰色成本、理性扩展规模以及分散风险和责任。

王锋(2010)指出律师事务所的智力资本包括人力资本、结构资本、客户资本和社会资本。律师事务所应加强对智力资本的管理,促进服务价值增值,实现法律服务精品化、规模化和全球化,从而增强律师事务所的核心竞争力。

郑长雪(2015)通过分析律师事务所智慧资本的价值驱动要素,厘清价值增长的源泉,构建律师事务所智慧成本管理模式,并通过价值识别,初次价值评价和价值排序三个环节对智慧成本价值存量进行管理。

笔者认为，对智力资本进行研究，非常符合律师这一知识服务行业的特点，突出了律师合伙的人合性而非资合性，揭示了律师合伙的内涵和基础。但文章中没有分析合伙人个体资源与律师事务所公共资源的对立和转化，对具体的考核指标论述也不够具体可行，实践中操作难度大。

（3）律师事务所的营销

聂琳玉（2016）认为我国的律师个人品牌效应应高于律师事务所的品牌效应。他采用SWOT分析法分析研究对象品牌战略的必要性，指出律师事务所应该采取差异化发展，法律服务电商化和加强资源整合，对律师事务所的平台品牌战略、律师个人品牌、法律服务品牌和律师客户服务团队品牌进行规制和建设。

曹志东（2016）认为律师事务所的营销管理存在短板，应采取全方位营销策略，从关系营销、整合营销、内部营销、绩效营销四个方面建立起产品服务、企业架构、运营体系、营销活动四大竞争平台，形成独有的品牌优势。

陈晔（2016）指出律师事务所在客户关系管理中存在理念不足、体制不健、技术不精三大类问题。他认为律师事务所应建立客户关系管理运作机制，改善组织结构和设计客户关系管理体系，做到保证流程规范、完善控制系统、指导战略实施，加强信息技术和完善互联网运用。

张懿娣（2018）从市场细分、目标市场定位等方面分析，认为律师事务所的服务营销应采取可视化营销策略、服务依附化营销策略、服务可量化营销策略和服务增值化营销策略四种营销策略。律师事务所需要从人才队伍建设、文化建设和服务质量管理体系建设三大方面提供相应的保障措施。

（4）律师事务所的战略

张永平（2017）、王丽莎（2018）、张静（2018）、刘静（2018）、杨小环（2018）、李丽（2019）等人通过考察具体的律师事务所，运用SWOT分析法分析其优劣势，共同指出律师事务所应该采取专业差异化、价格差异化、社会责任差异化、服务内容差异化等差异化战略，采取人才、文化、组织、管理、技术等措施来实现战略目标。

刘锦辉（2018）运用学习型组织的理论，论述律师事务所要梳理新观念，创建有利于组织学习的环境气氛，形成个人学习、团队学习、组织学习的良好状态。

笔者认为，差异化战略更加适用于传统产业的战略选择，在律师事务所管理中的效果并不明显，而且如何做到差异化的有效手段和方法并不丰富。律师事务所之间真正差异化的应该是他们不同的资源组合和能力运用的结果。所以，笔者认为采取差异化战略并没有抓住律师事务所运营的核心因素。

（5）律师事务所的绩效研究

郑晓林（2009）运用平衡计分卡，对律师事务所人力资源管理，从财务层面、顾客层面、内部业务流程层面和学习与成长层面进行评估，但文章没有设计具体的考核指标。

于鲁平（2011）主张运用平衡计分卡对律师构建评估体系，但文章也无具体的评估指标。

王薪（2013）运用KPI绩效考核法，从工作业绩、团结协作能力、顾客满意度三个方面来建立评估标准，希望提高员工对考评的信服度。

吴芳（2013）以律师事务所作为研究对象，提出建立科学的绩效管理考评体系并提出了具体的考评指标。

张蓉（2019）注意到绩效考核中存在的指标与考核对象不匹配、考核流程不完善、缺乏公平性以及考核结果应用不到位的问题，提出了相关优化方案。

张冰（2019）从绩效计划、绩效监督和辅导、绩效考核、绩效考核结果的反馈和运用四个方面，设计了可供律师事务所运用的绩效管理体系。

笔者注意到，对于律师事务所的绩效研究方面存在以下问题：其一，研究的对象不同或不明确，到底是律师事务所本身还是合伙人，普通律师或者是一般员工，大家关注的对象都不相同，对象的不同必定有不同的要求和考核指标。现有的研究对象往往是模糊的，且单独以合伙人作为研究对象的文章很少。其二，考核指标不具有实际可操作性，特别是涉及主观判断的指标更是没有展开深入讨论。其三，虽然引入了平衡计分卡的考核方法，但也没有将平衡计分卡与律师事务所的战略实施和战略协同相关联。

（6）律师事务所的薪酬制度

李相杰（2013）认为律师事务所中的合伙人、律师助理人员和行政人员的薪酬各不相同，律师事务所应该建立统一的薪酬体系，以合理体现各种人员的劳动付出及所得。

孔冬仙（2014）认为律师事务所的薪酬管理中存在模式简单化、结构不合理、个人业绩与律师事务所的发展关联性不大、忽视非经济报酬、薪酬提升渠道单一以及内部审计控制缺乏等问题，并相应设计出一套包括基本工资、绩效工资、奖励、津贴、复利和股利分红的薪酬体系。

（7）律师事务所的分配体制

陈东（2009）认为中等律师事务所的分配体制有公司化、提成制和改良的提成制三种模式。现有状态下，第三种模式是中国律师较可以接受的。

张焕君（2002）认为合伙所的分配应采用"按资分配"与"按劳分配"相结合的原则。现有提成制虽然简单，但容易造成合伙人之间的权责利不统一，利益关系生硬和存在"分光吃光"的现象。应以"多因素分配原则"替代"单因素分配原则"，确立合伙人利益的合理分配。

张学兵（2002）指出成熟的合伙人分配体系是将全体利益一体化，采取利润计点制，形成合理的分配模式。

徐忠良（2017）认为分配方式有平均分配制、分账制、提成制和计点制。他主张将律师事务所统一核算，兼顾公平和效率两原则，根据合伙人的业绩及其他贡献进行分配。

张雪（2014）从人力资本产权理论、人力资本周期理论、代际投资理论、人力资本组合理论出发，认为律师事务所应该采纳基于资历的分配原则；从代理理论出发指出合伙人之间的最主要代理问题是抢夺、偷懒和离职，事务所按边际贡献分配利益有利于降低代理成本。并用五个实例分析了按所有权比例分配利益、平均分配利益和基于业绩分配利益的三种分配模式的优劣差别。

(8) 律师事务所的激励

杨宁（2008）认识到律师事务所决策过分集中，组织目标比较空洞，对律师缺乏科学的评价体系，对激励没有科学认识，认为应引入公司化的管理模式，以人为本，采取柔性化管理。

沈刚（2011）认为律师事务所应从人力资源的培养和管理角度，采取按需激励原则，坚持物质与精神激励相结合，实行差异化激励，同时严守公平性的准则。

王亚梅（2012）针对律师事务所知识型员工的特殊对象，主张创造具有特色的企业文化，将内滋激励法和外附激励方式相结合，建立合理的报酬制度。

李小鹏（2018）对律师事务所的激励的保障措施作出了系统的论述，包括配套的支付保障、培训激励、引入管理决策层的渠道应当多样化，主张柔性化的律师事务所管理模式，建立奋进的团队和采取兴趣激励。

通过上述梳理，笔者认为现在学界对律师事务所的研究文章较少的原因有：第一，随着社会经济的发展，公司制企业已经扩展到方方面面，而合伙制企业已不占主流。所以，对合伙制的律师事务所的研究不是显学，不能引起大众对它的兴趣。第二，研究力量的薄弱，对合伙制律师事务所有研究兴趣的学者，往往是律师或律师事务所管理人员。而这些研究人员大部分受到的教育仅限于法学专业，缺乏管理学、经济学的教育背景，所以他们的研究角度往往局限于法学角度，研究成果往往较为单一或深入度不高。笔者经检索现有公开发表的文章发现，有相当一部分是呼吁性的感悟或随笔，严谨的理论文章较为罕见。第三，对于律师事务所的研究也受到研究对象信息封闭的限制。合伙制的组织形式导致其各项运营制度都不太愿意对外公开披露，特别是涉及合伙人利益分配的细节，同行之间也是讳莫如深。这些情况使有的学者只能从律师事务所因内部纠纷导致的诉讼案件入手。无论如何，缺乏第一手研究材料是不争的事实。

基于上述分析，本书对研究对象的确立从两个角度入手：

其一是研究对象直接针对律师事务所的合伙人。作出这种选择的原因是：①律师事务所的成立和运作的核心在于人，它是人合而非资合机构。它基于人的理念认同而合伙，基于人的专业而运营，同样基于人的复杂性产生各种不确定性和差异性，由此产生种种矛盾和管理难题。②律师事务所管理对象的核心是合伙人。律师事务所的目标和业绩的实现均依赖于合伙人，律师事务所的创收主体和业务来源无疑来自合伙人，业务处理主力也是合伙人，推动律师事务所建设和实现战略目标的骨干同样是合伙人，所有管理需求的出发点和终点也还是落实到合伙人。所以，就主体而言，合伙人必然是律师事务所的核心。③合伙人角色的多重性。合伙人是律师事务所的投资者、劳动者、管理者和被管理者，集老板和员工身份于一体。因此，不能以传统的管理学角度去简单认识和分析合伙人，否则原有的管理理论基础适用条件和结论都会发生偏差。例如绩效考核、激励、薪酬等问题，都需要依靠管理学中的既有理论，聚焦新的对象，进行细致的分析研究才能得出可靠且可行的观点以及管理方法。

其二是战略维度。笔者认为，对于合伙人治理的研究应该围绕着律师事务所的战略管理展开。因为对合伙人资源的配置、整合、运营、考核，其目的是发挥合伙人的最大主观能动性，实现资源共享和专业分工，提高律师事务所的综合竞争力和竞争优势。最终的目的是实现律师和律师事务所的共同愿景及目标。所以，本书以律师事务所的战略为视角，串联律师事务所的组织形式、合伙基础、战略选择制定与实现、绩效考核、激励与利益分配，对律师事务所的合伙人治理进行研究。

二、研究问题

综合来说，中国的律师业竞争日趋激烈，传统的管理模式已经难以适应环境的变化，急需探索新形势下的科学管理方法，这是我们当前需要解决的问题。为了帮助律师事务所克服成长中的困境，在激烈竞争中提高盈利水平，本书的研究问题主要有以下四个：

第一，律师事务所合伙制存在的本质特征以及选择合伙制的原因。合伙制意味着合伙人之间风险共担、对损失承担无限责任，这让许多企业"望而却步"，纷纷采用公司制，但是合伙制仍在法律服务行业中占据主导地位。本书将通过文献分析，从律师事务所作为专业服务企业的特殊性和合伙制的实质入手，探究其选择合伙制的原因，再进一步探讨律师事务所选择合伙制后对企业绩效、绩效考核等方面的影响。

第二，律师事务所需要战略管理并实施战略的动因。所有企业的发展都离不开战略管理，但是有关律师事务所的战略管理还鲜有人研究，已经有律师事务所合伙人意图通过战略制定和实施建立本组织的竞争优势，但他们通常不清楚战略目标制定的依据，以及如何在组织中贯彻已制定好的战略，最终使战略目标成为"空中楼阁"或流于形式。本书将探寻律师事务所制定战略的基础、如何实施战略，以及战略管理与绩效考核、企业绩效之间的关系。

第三，适合律师事务所合伙人绩效考核的体系是什么，以及考核指标的确定。在很多合伙人的观念中，绩效考核是针对普通员工如何分配利益的考核体系，忽略了绩效考核体系测量非财务指标和战略实施的功能，绩效考核体系还能克服目前合伙人强势、独立的弊端，起到促进资源整合、公平分配利益的作用，同时绩效考核体系作为目标体系也能起到激励员工实现组织目标的作用。所以，本书将探究绩效考核体系在合伙制、战略管理和企业绩效之间的中介作用。

第四，作为一个知识密集型的组织，在竞争的环境中，如何通过建立学习型组织保持律师事务所的竞争力。无论是作为合伙人的律师还是一般处理法律诉讼的律师，都需要通过律师执业的考试，这些律师属于知识型人才，是律师事务所的核心资源。但法律法规在不断完善中，这就需要律师不断学习，才能保障处理诉讼的质量。作为律师事务所，如何营造学习型组织的氛围，促使律师个体主动学习，也是一个值得研究的问题。

第三节　研究方法

本书采用以案例为主的混合研究方法,以对应本书的四个研究问题。具体包括:

1. 文献研究法

本书梳理了律师事务所管理涉及的各种组织理论,通过对中国知网等数据库现有文献进行总结,从动因、路径与绩效三个方面入手,提出了本书最初的概念框架。律师事务所大多选择合伙制治理结构,这选择有其必然性,也是律师事务所在管理制度与措施上的特殊性,所以本书从合伙制治理结构出发,检索包括基于资源观的竞争战略、平衡计分卡、绩效考核和激励理论相关文献,探讨相关路径与绩效之间的关系,最终得到本书的理论框架。

2. 案例分析法

不同的律师事务所具有不同的个案性,律师事务所之间因为规模、业务、合伙人理念等方面会产生较大差距,所以大范围运用问卷调查等方法无法清晰地解释律师事务所提高绩效的影响因素、路径选择和绩效之间的关系。因此,本书采用单案例研究的方法,找到一个在经济发达的一线城市经营 20 年、各项经营指标居于行业前列的律师事务所作为本书的研究对象,该律师事务所目前正面临绩效进一步提高的难题,有必要进行案例分析,对过去发展中的经营经验和不足进行科学分析,基于合伙人意图的把握,把握管理制度制定的关键环节,指导今后实施管理方案以突破组织的盈利瓶颈,同时可以从案例企业中得到律师事务所管理制度现状的信息,待提高或改善地方薄弱环节等思路。案例研究中将对 DS 目前的治理现状包括合伙人制度、战略管理措施以及绩效考核体系的瓶颈进行深入细致的分析,帮助 DS 律师事务所建立有效的制度。

3. 深度访谈法

单一案例研究不一定具有完全的代表性，所以笔者在相关文献资料的研究基础上，选择了律师事务所行业内一部分在律师团队规模、盈利水平和业务特色不同的律师事务所进行访谈调查，采用一对一的结构化的访谈方式对合伙人进行了多次正式的和非正式的访谈调研，了解各律师事务所合伙人对战略管理、绩效考核的看法以及具体实施措施，并与 DS 律师事务所的管理制度对比。即通过多家律师事务所数据的总结分析得到目前律师事务所在提高组织绩效方面做出的努力，为本书探讨各变量与绩效的关系以及帮助 DS 制定管理制度方案提供参考。

4. 问卷调查法

本书已选择 DS 律师事务所进行个案分析，仅从合伙人角度探讨管理制度的实施是不够的，合伙人与普通员工对律师事务所的现状与未来发展完全可能存在不同看法，合伙人制定的管理制度方案可能会在实施中遇到普通员工的阻碍，所以研究过程中，向 DS 律师事务所的员工（包括合伙人）发放调查问卷，调查 DS 律师事务所员工对合伙制治理结构、合伙人绩效考核、合伙意愿以及个体、个体组织学习能力的评价或看法，以探讨为了提高绩效可以采取的措施或路径。

第四节　研究思路框架

本书的章节分配如下：

第一章　绪论

本章首先阐述了本书的研究背景与意义，介绍了随着法治建设进程的加快，法律行业蓬勃发展，律师事务所作为其中的重要力量也迎来了发展的良好机遇，但也面临着竞争加剧环境下保持绩效持续增长的困境。本书确定了律师事务所作为研究对象，说明了本研究的目标、方法与内容，即探寻律师事务所绩效提高的影响因素，寻找律师事务所绩效提高的途径。

第二章　合伙制律师事务所治理的理论研究

当前有关律师事务所管理的研究文献比较少，大部分文献都是基于律师事务所所属的专业服务类企业角度探讨这类企业的特殊性，它们通常在治理模式、利益分配模式等方面区别于传统企业，所以本书将从其专业服务的特殊性入手，根据现有文献整理出其合伙制的合理性和必然性、战略管理的基础和实施措施、绩效考核方案、合伙意愿以及个体和组织学习能力与公司绩效的关系，形成理论框架。

第三章　律师事务所治理的实践探索

首先，本章介绍了16家律师事务所作为本书访谈对象的原因，以及案例企业DS律师事务所的基本情况。其次，根据已经建立的理论框架设计访谈问题和调查问卷，访谈问题主要是基于组织层面，询问合伙人有关律师事务所战略管理、合伙制治理结构以及绩效考核的目标和具体措施，问卷调查是基于个人层面，调查DS律师事务所员工对合伙制、合伙人绩效考核、个体和组织学习能力的评价和看法。最后，总结访谈对象和问卷收集结果的基本情况，包括各律师事务所的规模、业务特色、盈利水平、各合伙人工作年限以及问卷调查对象性别、职位等基本信息。

第四章　律师事务所的合伙人治理的实践研究

本章主要从律师事务所合伙人治理的角度，针对律师事务所合伙人的入伙条件、资源转化、机会主义行为、绩效考核、利益分配和退伙等，探讨各种管理制度和方法。

第五章　合伙制律师事务所治理结构与绩效的案例分析

本章探寻了不同变量之间的逻辑关系和作用机制，即合伙制管理模式、战略管理、合伙制绩效考核体系与公司绩效的关系。首先阐述了合伙制的实质和必然性与公司绩效的关系，再讨论战略管理与公司绩效的关系，再基于战略管理的资源基础观，借助SWOT分析法为DS律师事务所制定了战略目标，再从绩效考核体系的利益分配和战略实施的功能出发，探讨绩效考核的中介作用，最后分析合伙意愿、个体和组织学习能力的调节作用。

第六章　理论贡献和管理启示

本章根据第二章、第三章与第四章的研究，总结了本书的研究发现。旨在为众多的律师事务所在竞争中保持竞争优势、提高绩效水平以及获得更好的发展，提供一些经验和建议，还综合考虑了整个研究过程中存在的局限性。

第二章

合伙制律师事务所治理的理论研究

第一节　组织理论

企业组织形式是指企业存在的形态和类型，是企业财产及其生产的组织形态。它包括企业的财产构成、内部分工协作以及与外部社会经济联系的方式，主要有独资企业、合伙企业和公司制企业三种形式。《律师法》第十五条、第十六条规定律师事务所的组织形式是普通合伙和个人制。另外，还存在一批国有独资的国办律师事务所。其特征分别如下：

①国资所

中国的律师事务所在改制以前都是国资所，即国家是律师事务所的出资者。国家作为出资人对律师事务所的一切财产以及经营所得都享有所有权。实践中国资所数量已经很少，个别保留的主要情形是所在地区不具备设立合伙制或个人所的条件。这主要是因为该地区的经济困难导致不依靠国家支持的合伙制或个人的律师事务所无法成立。国资所的管理更具有行政管理的特点，其业务的来源特定，往往为国家机关或经济困难的地域案源。管理上受行政机关管理。由于律师往往以国家公务为工作重点，对律师事务所的经营所得没有支配权，所以执业律师工作积极性容易受到影响。

②个人所

个人所就是指律师事务所的所有权归属于一人所有，它仍然属于私有产权。根据笔者的调查和访谈，现在存在个人所的原因如下：其一，律师业务的特点对合伙的需求不大，采取合伙的压力不足。例如，某律师的业务局限于刑事案件，他认为个人就可以解决，没有合伙的必要性。其二，对于合伙人和合伙组织存在的各种问题感到恐惧厌烦而刻意回避。现实中的合伙所可能因为合伙人合伙经验的缺乏，在合伙的设立和运作中会产生各种争执，消耗合伙人的精神和耐心，个人所就不会有此烦恼。其三，律师自身对生活和事业的认识。他可能认为律师事务所不必大、事不必多、人不必忙、事业不必没有尽头，也即"小富即安"的心态。无论如何，个人所由于拒绝其他合伙人的参加，所以其发展规模受到限制，也不会是中国律师业的主流。

③合伙所

合伙所就是合伙人根据合伙协议而设立的律师事务所。合伙人是律师事务所的出资者、管理者和业务骨干，根据合伙协议的约定行使权利义务。合伙人对外承担无限赔偿责任，且合伙人之间承担连带责任。现有的法律并没有对合伙人的数量进行约束，所以合伙制律师事务所体量和业务量都可能非常庞大。基于合伙制律师事务所的组织特点，可以形成组织严密、专业分工、权责分明等组织机构。由此产生了许多的管理需求和难题，如战略、营销、人力资源、绩效及激励等。目前，合伙制律师事务所是中国律师业的主要构成部分。

一、国内文献研究

《律师法》颁布以前，对律师事务所组织形式的研究、讨论非常广泛，例如张纪军（1988）提出要建立拥有充分自主权和竞争机制的新型律师事务所，即合伙制律师事务所。持有同样观点的有易少佩（1989）、徐静村（1989）等人。董开军（1991）认为合作制律师事务所是合伙而不是法人。法学界对律师事务所组织形式的第二轮讨论热潮是从责任承担角度来研究的，方立新、王勇（2001）提出应该建立公司化有限责任合伙律师事务所，合伙人对合伙债务承担有限责任，对个人导致的债务承担无限责任。杨敏（2003）认为股份制律师事务所有利于律师业的产业化、专业化和集团化。朱代恒（2001）则认为公司制律师事务所是最具有优势的，股东只对外承担有限责任，可以降低执业风险，提高律师事务所的竞争力，有利于扩大律师事务所规模。徐强胜（2008）认为企业形态就是企业资源的组合，不同的资源组合决定了不同的组织形式，相比之下，独资企业是个人资源的对立组织形式，合伙是不同人与更多财产的组合。公司制的资源组合能力比独资企业和合伙企业都强大。

上述研究是伴随着中国律师制度的改革而不断深化的，学者们往往是在比较各种组织形式的优劣性后得出结论，后期的研究也是从如何减少律师承担法律责任的角度进行讨论，但是对律师业务本身的特点以及与律师事务所组织形式的关系就缺乏深入的研究。

二、合伙制是律师事务所组织形式的第一选择

1. 律师服务特性、赔偿责任及法律管制角度

第一，律师是专业人士，客户委托律师会基于信任关系。律师是受信赖的角色，对客户负有诚信义务，违反注意义务和忠实义务即可以认定负有执业过失，应承担赔偿责任。专家责任要求律师因为服务质量不合格承担无限责任，这种赔偿责任使客户相信律师至少不会故意损害其正当权益。如果律师责任只限于有限责任，客户会认为这不足以描述律师充分的注意义务。特别是在缺乏其他机制的约束下，采取有限合伙、公司制都可能会牺牲客户权益。所以，律师事务所的组织形式以合伙制为宜。

第二，无限连带责任有利于律师之间的监督。无限连带责任意味着每个合伙人对其他合伙人的对外赔偿承担无限的同一顺位的赔偿责任，没有任何抗辩的理由得以免责。因此，每个合伙人需要对其他合伙人的执业行动进行监督。这种传统的观点在小型律师事务所是适用的。但随着律师事务所规模的扩大，合伙人之间的熟悉和了解可能不足，甚至都不认识，根本无法实现相互之间的有效监督。这种情况在我国现有的挂靠式合伙中更为明显，由此造成在大型律师事务所里的合伙人承担的风险与收益是不对等的。合伙人承担的风险随律师事务所规模增大而增大，而合伙人的利益却不能随之扩大，特别是从事高风险业务时。因此，往往迫使合伙人在律师事务所规模化和承担法律风险之间进行选择。笔者认为，律师事务所规模的扩大确实会增加监督的困难，但这只产生如何建立和加强监督措施的问题，不应该成为废除合伙人承担无限连带责任的理由。

第三，风险与责任的平衡决定律师事务所的组织形式应采取合伙制。律

师事务所的本质是人合而非资合，律师事务所的注册资本是有限的，往往只有数十或数百万元，特殊的普通合伙律师事务所的注册资本《律师事务所管理办法》规定也只是 1000 万元。但是律师事务所办理的法律业务则可能巨大，涉及的标的数甚至以亿计，由此产生的赔偿额也可能巨大，而合伙人投入的人力资本是不可能承担风险的，有限的注册资本根本无法承担足够的赔偿责任。为了平衡律师与客户之间的风险，也应该规定律师事务所采取合伙制，执业律师（合伙人）对律师事务所的债务承担无限连带责任。

第四，律师行业是一个特殊的专业服务行业，涉及公众利益。《律师法》第二条规定："本法所称律师，是指依法取得律师执业证书，接受委托或者指定，为当事人提供法律服务的执业人员。律师应当维护当事人合法权益，维护法律正确实施，维护社会公平和正义。"这是我国法律对律师的职业定位。从律师的职业定位角度出发，笔者认为律师服务的法律特质要求律师对其执业行为承担无限责任。无限责任决定了合伙制是适合律师事务所的组织形式。

20 世纪 60 年代，美国一些律师事务所的组织形式开始采取公司制。其理由是无限责任降低企业进入资本市场的能力，减少了竞争和限制了律师事务所的规模，并且增加了成本。实证研究证明，美国各州允许律师事务所采取专业公司的组织形式扩大了其规模，平均收入也有所增加。律师事务所采取公司制的观点一时甚嚣尘上。笔者认为美国的律师业引进公司制是由当时美国经济全球扩张需要法律服务的大幅度增加所造成的，也是律师与客户利益博弈的结果。

2. 投资者角度

从投资者角度看企业组织形式主要涉及投资目的、投资人数和投资者身份三方面内容。

①投资目的

从法律角度看，对投资目的的限制就是禁止企业从事超越经营范围的活动。笔者认为，公司是以营利为目的的组织机构，虽然律师事务所有以营利为生存条件的要求，但执业律师的业务本身包含了某些社会责任，这就是

《律师法》第二条第二款规定的"维护当事人合法权益,维护法律正确实施,维护社会公平和正义"。如果律师事务所完全采取公司制,那么就会导致律师的执业活动是以营利为中心,存在潜在的唯利是图的可能,这就有可能背离法律对律师的社会定位。

②投资人数

公司分有限责任公司和股份有限公司,前者的股东人数有限制,《公司法》第二十四条规定其股东是 2 人至 50 人,后者的股东人数没有规定,可以成千上万。这就要求公司必须建立完善的内部治理机构。合伙制因为合伙人对合伙组织的债务承担无限连带责任,所以对合伙人人数不需要约束。

③投资者身份

公司企业的股东除因公司进入特殊行业产生身份限制外,一般是没有限制的,但由专业人员组成的企业,如律师、建筑师、会计师事务所等,这种技术性或专业性技能的团队生产在合伙制下更有效率。

3. 资本构成

以现金及现物出资,可以采取任一组织形式。但无法评估的出资方式,如劳务、商誉等,在企业破产时无法保证债权人利益的实现,所以这种出资方式主要适用于无限责任或无限连带责任的组织形式。执业律师提供给律师事务所的合伙内涵,绝对不是以金钱为中心,更多的是无法衡量的智力资本,所以律师事务所的组织机构更加适合合伙型。

4. 现代企业理论角度

现代企业理论的开山之作是罗纳德·科斯的《企业的性质》。他认为,如果企业组织者们能够向要素所有者支付比他们在上述体系中所能获得的更多的报酬。他们就能够与生产要素所有者订立契约,在契约的基础上生产要素服从他们的指挥。企业的内部也是有成本的,科斯称之为官僚主义成本(行政管理费用)。企业的边界就在于:"企业将倾向于扩展到在企业内部组织一笔交易的成本等于通过在公开市场上完成同一笔交易的成本或在另一个企业组织同样交易的成本为止。"科斯的理论引入了交易成本的概念,他的后继者的企业理论的核心内容之一就是减少和消除企业的交易成本。

亨利克·格罗斯曼（Henryk Gross-man）和哈特（Hart）认为要素市场的交易契约是一个不完全契约，就是说交易双方的权利义务不能完全约定清楚。对于未予清楚部分的决定权归属于决策相对重要的一方。所以，企业不同的契约安排和决策程序决定了企业的组织形式。股东提供资本，经营者提供才能，生产者负责产出，他们是不同的生产要素所有者，在他们的契约关系中，股东负责监督，经营者是被监督对象。他们两者的利益方向不同，由于人的有限理性、信息不对称以及经营者对企业的实际控制，存在经营者的道德风险，有可能导致股东的损失。即上述委托代理关系将产生代理成本。

①股东应该享有企业剩余求偿权。合伙制可以实现这种要求。在企业的经营中，必须有人承担剩余风险，这个剩余风险承担者必然是剩余收益索取人。如果剩余风险承担者不能取得剩余收益，他们就没有承担剩余风险的积极性。张维迎（1996）指出，"如果剩余索取权和控制权在所有企业成员之间平均分配可以达到二者最好的对应。这样的'合伙制'无疑是最优的"。合伙制中的出资者是利用风险承担者，也就是剩余收益索取人。当然，如果股东越少，且直接参与企业经营，上述对应的效果最好。从组织形式比较来看，独资企业效果最好，合伙企业次之，公司最劣。由于独资企业的规模一般较小，所以一般认为合伙企业是相对较好的组织形式。

②合伙制是实现有效监督的组织形式。詹森（Jensen）和麦克林（Mecking）（1976）认为管理者不是企业的所有者，就一定存在代理成本。具体表现之一就是偷懒问题，甚至是"劣币驱逐良币"。解决的方法是对经营者进行监督。只有将剩余求偿权归属监督者，才能对监督者产生激励作用，从而减少代理成本。张维迎认为，当监督者与被监督者的角色一体化时，企业总体价值最大。对于律师行业而言，由于专业性和业务的复杂性造成监督的难度更大。合伙人既是出资者，又是生产者。监督与被监督的角色混同在一起，同时他又是剩余收益的索取人，因此可以避免生产中的"偷懒行为"，也能产生相互监督的积极效果。

尤金·坎德尔（Eugene Kandel）和爱德华·拉泽尔（Edward Lazear）的

研究表明，合伙制度下的监督机制实际上是基于执业律师的"同事压力"。同事压力是律师事务所行为规范带来的结果，但同事压力随着律师事务所规模的扩大而减弱，因为大型律师事务所同事之间可能并不熟悉，同事之间的所谓压力就荡然无存。这就产生了"搭便车"的行为，所以，合伙人的相互监督在小型律师事务所中效果明显，在大型律师事务所中存疑。

③律师事务所与传统的企业不同，属于以劳动者为核心的劳动者管理型企业。劳动者的权利应该放在首位，劳动者参与管理和分享利润。这种企业首选的组织形式是合伙制。其一，律师事务所不是资本密集型企业，而是知识密集型企业。事务所主要的成本支出也是员工的薪酬。其二，律师事务所对有形资产，如厂房设备的依赖性小，更多依靠的是执业律师的努力和社会资本，但其产品的附加值很高，与非劳动成本相比，就更加明显了。其三，律师事务所的业务模式是团队运作，而且这种团队的规模不大，成员不多，呈现出扁平化的特点。其四，律师事务所是各合伙人的人力资源的组合，并以此享有不同比例的剩余求偿权。

④合伙制将律师事务所的决策控制和决策管理集中在一起，减少了冲突和代理成本。这与前述剩余求偿权和控制权相对应的逻辑是一致的。

⑤乔纳森·莱文（Jonathan Levin）和史蒂文·泰迪里斯（Steven Tadelis）（2005）认为客户对产品质量无法准确评价的企业宜采取合伙制，合伙人平均分配利润，采取高薪选用优秀人士，助手不能晋升则予辞退。客户对产品质量能够准确评价的企业宜采取公司制，股东按业绩分配利润，企业可以采取削减员工工资和降低产品质量的手段以降低成本，提高利润。笔者认为，这种观点应该是对责任配置的经济学解释。因为客户对律师所提供的服务的质量难以做出准确的判断，所以在责任配置上应该加重执业律师的责任，即律师应该承担无限责任。

5. 资源整合的观点

根据资源基础观的理论，企业是一系列资源的集合体。不同的企业形态针对不同的资源组合方式。独资企业是针对个人资源的组织形式；公司针对的是广泛的社会资源；合伙企业介乎独资企业和公司之间，其针对的是不同的人和不同的资源，并且这种资源与其拥有主体还存在密不可分的关系。在律师行业中，律师得以创造价值，除依靠基本的物质条件外，更多的是依赖其独有的人力资本和社会资本，并且这些资源与律师个体的联系非常密切且难以剥离，不容易产生所有权和管理权的分离。所以，对于律师资源整合的律师事务所的组织形式宜采用合伙制。

综上，笔者认为，律师事务所采取合伙制的组织形式，主要是由律师职业特性、责任配置、资源整合以及企业如何消除交易费用和代理成本等因素决定的。

第二节　合伙的意愿

在合伙制的经营模式中，合伙人是律师事务所的核心，他们既是律师事务所的出资者，又是管理者和生产者，既是监督者又是被监督者。律师事务所因人而合、因人而争也因人而分。这就产生了清楚了解合伙人合伙的内容是什么的必要性。

我国律师事务所的合伙人的来源大致存在以下路径：其一，由国资所改变为合伙所，原国资所的主要骨干转为合伙人，这种模式的合伙基础是大家已经存在的在国资所中的合作经历。其二，在执业过程中相识、相知、相认同，共同成立合伙所。这种模式的合伙的基础在于合伙人的认同和理念的融合。其三，由律师助理晋升为合伙人，这种合伙模式的基础是律师助理在其未成为合伙人之前的工作经历和表现，以及对律师事务所合伙理念、合伙文化的认同。可见，合伙具有一定的偶然性。但是上述三种模式也揭示了合伙的基础：一是对合伙理念的认同；二是贡献一定的资源。

一、合伙理念的认同

合伙理念就是对合伙的抽象思想认识。它包括我们为什么合伙,我们要做什么样的合伙组织以及合伙的原则,等等。

1. 合作

法国哲学家奥古斯特·孔德认为,人类既有利己的行为,也有利他的行为。前者在西方经济学和管理学中得到了充分的解释,并产生了经济人的基本假设。其包括以下含义:一是每个人都以自身的利益最大化为目标。二是人的所有的活动的根本动机就是追求自我的经济利益。三是无论他处于什么地位,追求个人利益最大化的本质是一致的。四是每个人在经济活动中总是选择能给他带来更大经济利益的机会。这种观念早在亚当·斯密的理论中就得到了推崇,他说:"我们期望的晚餐,并非来自屠夫、酿酒师和面包师的恩惠,而是来自他们对自身利益的关切,我们不是向他们乞求仁慈,而是诉诸他们的自利心,我们从来不向他们谈论自己的需要,而只是谈论他们的好处。"从这个角度出发,所有的利他行为都可以归结为利己的动机。

现代经济学的宗旨是在有限资源的基础上实现最大的效益。它涉及不同个体间的共同参与和对资源进行分配、交换和生产的关系。

如果把自身的利益作为横坐标,别人的利益作为纵坐标,那么可构成一个平面坐标系。由此产生的四种区域,其一是利人利己的互利行为,它可以增加社会的福利水平。其二是害人害己的恶意行为,它使社会的总福利减少。其三是损人利己,它是经济人假设的另一种经典情况。其四是舍己为人,它就是利他行为。

黄少安(2000)认为,合作和竞争是共存的两种相反意义的行为。合作具有自发性、相关性、协调性和互惠性。合作的作用无疑是巨大的,具体表现在以下方面:

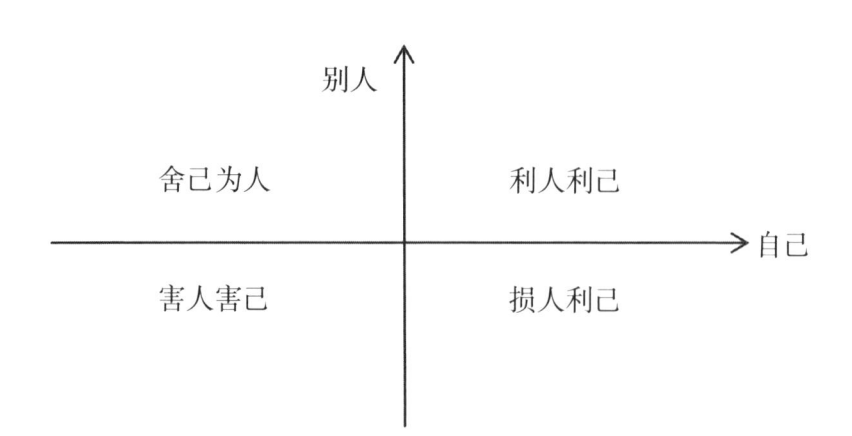

```
        别人
         ↑
  舍己为人 │ 利人利己
─────────┼──────────→ 自己
  害人害己 │ 损人利己
         │
```

图 2-1　利他行为和利己行为的配置图

（1）合作行为在生产中增加收益。

这是指人类在合作过程中产生了"合作剩余"，即行为人通过合作产生和取得的利益超过他们各自活动收益的总和。

（2）合作行为在分配中产生效用的增加。

这是因为同一物品对每个人的效用是不同的，通过合作行为的交换，行为人可以用对自己效用低的物品向他人换取对自己效用更大的物品。

因此，合作是必需的，合作能给行为人带来更多的经济效益。合作的行为更加符合经济人的行为标准，合伙行为也是如此。

2. 利他行为

学术界从行为动机和行为结果两个角度给利他行为下定义。前者如皮利文（Piliavin），认为利他行为是"出于对他人而非自己需要的考虑而采取的行为"。后者如威尔逊（Willson）将利他行为定义为"为别人的利益而作出的自我毁灭的行为"。传统认为利他行为包括亲缘利他、互惠利他和纯粹利他三种类型。亲缘利他是指有血缘关系的个体为其亲属做出的牺牲。互惠利他是没有血缘关系的个体为了对方的回报做出的帮助。纯粹利他是没有血缘的个体，在不求回报的情况下做出的牺牲。卢文忠（2010）认为，管理中的利他行为可以分为六种类型：（1）超道德型利他主义行为，这就是传统所说的舍己为人的行为。(2) 功利型利他主义行为，指以"最大多数人的最大幸福"为标准所做的行为。(3) 效益型利他主义行为，这就是行为的目的是实现效益的最大化。(4) 契约型利他主义行为，这是指基于对契约的遵守而做出的利他行为。(5) 慈善型利他主义行为，这是指基于慈善的心理而做出的利他行为。(6) 权变型利他主义行为，指不拘泥于固定的行为模式，根据不同的环境以适应性和合理性为原则，结合实际条件做出合理合适的利他行为。上述六种类型中，第三种和第四种较为普遍。

著名的"二人囚徒困境博弈"中存在四种结果，第一种是甲乙同时坦白，将得到较好的结果。第二种是甲乙同时沉默，其结果是最好的。第三种是甲方坦白，乙方沉默，甲方得到最好的结果，乙方的结果将更坏，这是一种利己的行为。但是如果两个囚徒都本着利己的思维出发，最后只能得到第一种状态。这证明当每个人做出对自己最有利的选择时，他们的状况反而变得更坏。第四种结果是甲方沉默，乙方坦白。甲方的结果最坏，乙方的结果最好。就是说当一个人选择沉默，其主观是追求最好的结果，但他的收益会下降，对方的收益会上升。选择沉默的人以自己的利益损失，换取对方的利益提高。那么可以认定沉默是利他行为，坦白是利己行为。博弈论对利他的定义是：在多人博弈中，当选择人的行为会降低自己收益而提高别人的收益，这就是利他行为。"二人囚徒困境博弈"证明两个结论：第一，即使是从利己的主观出发，也会产生利他行为。第二，合作比纯粹的利己行为的风险更低。

对于利他行为的研究表明，利他行为也是人类普遍行为。人们只有坚持合作和利他的原则，才能取得效益最大化。在合伙中，利他应该是合伙的原则和文化精神，也是合伙赖以存在和发展的根源。

3. 道德与法律定位

对合伙的认同同样基于合伙人的道德观，否则也会因为道不同不相为谋。这种道德观是多重的和抽象的，但它最终表现为法律的规定。合伙就是要求合伙人共同出资、共同经营、共享收益和共担风险。强调的关键不限于

"合"在一起而已，而在于成为"伙"伴。当然，还有另一种道德风险就是《律师法》第二条第二款规定的"应当维护当事人合法权益、维护法律正确实施、维护社会公平和正义"。律师法的规定实质上规定了合伙人的社会角色，合伙人应该是社会法律工作者，是社会法律共同体的重要组成部分，而不能局限于法律商人。合伙制律师事务所具有营利的目的，但绝对不能以营利为唯一目的。营利是律师履职的保障，也是做好履职工作带来的必然结果。营利是为了更好地履行职责。把营利摆在首位，会犯本末倒置的错误。

合伙人对道德和法律的定位的认同，保证了律师事务所的发展方向不会发生偏差，不会把律师事务所的建设引入歧途。

二、共同的使命、愿景和目标

使命是企业存在的根本理由和使企业得以存在的基本行为规范以及指导原则，或者说使命描述的是企业要做什么和如何做的问题。企业存在的根本理由主要是指企业向社会提供什么，这决定了企业的性质、社会角色、基本任务等企业基本的定位问题，还决定了企业的战略选择与走向。柯林斯和波拉斯认为，使命界定了企业的长存期间的特征，它超越了产品或市场的生命周期、技术突破、管理时尚和个人领袖。使命由核心目的和核心价值观构成，前者是企业存在的理由，后者指如何创办企业。

愿景指企业期望经过长期的努力所要实现的未来发展方向。它由两部分构成：10—30年的大胆目标假设和实现目标后企业将会是什么样子。圣吉（Senge）提出了"共同愿景"这一新概念，他认为共同愿景是从个人愿景发展出来的，是人们心中深受感召的力量。圣吉（Senge）的"共同愿景"把员工个人的职业规划与企业的长远发展规划结合起来。

目标是将企业的使命和愿景转化为具体的业绩目标。只有确定了业绩目标，才能使管理者感受到实现的压力，而通过努力实现一系列的业绩目标，最终实现企业的愿景和使命。

律师事务所的合伙人不同于普通企业的股东，他是参与律师事务所的经营，与组织一同成长，共同承担风险与收益的人。合伙制度也不是简单的所有权激励，而是一个责权利匹配的开放机制，合伙人应该是相对流动的，激励对公司有贡献、合适的人来参与公司经营（赵兴，2015）。与合伙制经常一起出现的是利润分享机制，这是合伙制人力资本密集型企业的核心话题。不同于公司制企业，合伙制企业通常并不以个人绩效分配利润，而是依据合伙人事先约定的比例来进行利润分配［乔纳森·莱文（Jonathan Levin）和史蒂文·泰迪里斯（Steven Tadelis）（2005）］，这对普通员工有很强的吸引力。所以在合伙制企业中，相对开放的合伙人队伍让员工们都会努力争取合伙人身份以获取更多的收益，既参与公司的经营又共享利益。但是正是因为利润分享机制的存在，在位合伙人对提升一名新合伙人有着非常严格的要求，新的合伙人意味着分蛋糕人数的增加，为了使自己获得的部分不受影响，他们通常要求新合伙人至少能够为企业带来正的边际贡献，有能力把蛋糕做大（陈和，隋广军，2011）。为了得到晋升合伙人的机会，员工会努力工作，通过掌握更多的关键性资源——客户关系，增强自身的谈判力。这不仅让员工获得晋升的机会，也有利于提高律师事务所的绩效，并通过绩效考核体系平衡计分卡的客户维度与财务维度体现出来，所以组织内员工的合伙意愿有利于加强合伙制对绩效考核体系的影响，同时又调节绩效考核体系在合伙制与绩效之间的中介作用。

三、提供合伙的资源

法律对合伙人为合伙提供的内容规定仅限于"资金、实物和技术"。这个规定对于一般的合伙企业是合适的，但对律师合伙就不准确了。因为律师合伙对资金的需求很低，对合伙人的各种资源更加具有迫切需求。这就是律师合伙是人合而非资合的典型表现。所以，应该对律师事务所合伙人出资的概念做出新的定义。

1. 资本概念的演变

从经济发展来看，"资本"的演变经历了以下几个阶段：

第一，经济的萌芽阶段，人们对于资本的认识是资产，表现为具体的牛、羊以及房屋，它们都是具有外在客观的实体性的。

第二，当经济发展中产生了货币，人们对资本的定义是资金。将实体物改变为一般等价物。

第三，当经济发展愈加成熟时，人类对资本的定义也随之扩大，包括金钱、实物、知识产权和土地使用权等。我国《公司法》第二十七条规定，股东可以用货币出资，也可以用实物、知识产权、土地使用权等可以用货币估价并可以依法转让的非货币财产论价出资。对作为出资的非货币的资产应当评估作价。可见法律对资本的要求是能否以货币作价。我国《会计准则——基本准则》对资产的定义是："企业过去的交易或者事项形成的，由企业拥有或者控制的，预期会给企业带来经济利益的资源。"美国会计准则委员会认为："资产是按照公认会计准则和计量的企业资源，资产也包括某些虽不是资源，但按照公认会计原则确认和计量的递延费用。"可见，会计学对资产的定义原则之一是可以计量，即能够以货币计量记录的。

上述资本发展的三阶段证明，能够为现有法律和会计所认可的资本都是以货币为计量的，这种理论对于律师合伙中的资产范围是不合适的。套用冰山理论，合伙人提供给合伙组织的不仅仅是可以计量的金钱资本，还有许多不能计量的非资本性的东西，两者的构成有如冰山浮出水面的部分是可以计量的，这部分资本只占冰山的一小部分。沉于水下的是不可计量的资源，这恰恰是合伙人所倚重的并且能够创造价值的本源。

所谓资源，是能够被企业控制并用于创造企业价值的诸资源要素。作为合伙人，能够给合伙组织提供的资源包括物化资源和知识型资源。

2. 物化资源

所谓物化资源，是指可以用货币衡量和评价的物质资源，其标志是可以在企业资产负债表中体现的有形资源，包括现金、实物、固定资产、土地使用权等。知识产权虽然是无形资产，但它仍然可以用货币评估，故法律和会计上的观点，依然把它列入资本的范围。

物化的资源具有以下特点：

（1）排他性。所有权人对其享有直接支配和排他的权利，即一物一权主义，由此决定了其缺乏共享性。

（2）交易性。即企业可以在市场中通过交易得到其所需资产。

（3）可替代性。指物的使用功效不会因为物的替代而受到影响，当企业缺乏某一种类物时，可用另一种类物进行替代。

（4）较弱的累积性。这是指有形物可以通过交易即时获得，不需要企业长时间的积累。

（5）边际收益递减。这是指生产过程中其他条件不变的情况下，物化资源的投入数量增加到一定程度以后，增加一单位资源带来的效益增加量是递减的。

对于律师事务所而言，物化资源是其得以经营运作的基础，但其所起作用有限，律师事务所绝对不是仅凭物化资源就能创造价值。所以，我国法律规定了合伙人提供物化资源（资本）的义务，但却没有规定合伙人必须以其投资比例分享利润的必然性。因此，现在的律师事务所的分配体制中，除极个别机构仍然采用按投资比例分配外，大多数的律师事务所摒弃了按投资比例分配这一因素。

3. 知识型资源

知识型资源，是指依附在员工或企业上的智力型资源。这种资源有以下特点：

（1）人身依附性。这是指知识型资源以人为载体，对人具有依赖性，如果不能通过有效的方法转化，该类资源仍为员工个体所有，而没有形成企业公共资源。在律师行业，律师个体的客户资源、人力资源和社会资本资源，不会因为合伙而自动转化为律师事务所共有。许多客户需要法律服务时，仍然直接先找具体律师而不是因为仰慕律师事务所之名而来。对于律师个体的资历、能力、美誉度（声望）更是贴上个人的标签。由于知识型资源的极强依赖性，合伙制律师事务所在没有采取有效转化律师个体资源的情况下，存在律师事务所和律师个人两张皮，律师的合伙仅限于形"合"，而没有成为真正的"伙"伴。因此，当律师个人离开团队时，往往将其资源的大部分都一并带走，给律师事务所带来重大影响。

（2）编译和模仿的不完善性。这是指知识型资源不能够完全编译和复制到其他组织（或个人）中。巴尼（Barney）（1991）认为资源拥有者和竞争者都难以控制管理行为对转化的有效性，从而影响到编译和模仿的效果。为此造成企业需要付出长期的"租金"来维护其资源的保有性和领先性。

资源模仿的障碍主要来自以下方面：

第一，知识的默会性。知识可以分为显然知识和默会知识，前者可以借助技术手段予以表现，如图书、信息、制度等。后者经常使用但又无法通过语言文字予以清晰表达或直接传递。它是一种只可意会不可言传的知识，如资深律师对案件判断的直觉经验，它的本质是一种理解力、领悟力和判断力。巴尼指出默会知识和其所属主体须臾不可分离，当它离开母体就会丧失生命。对于默会性知识的传播，更依赖于启发式、发现式及自由式的教学。而传统律师业师徒相传的导师制，就是对默会知识薪火相传的最佳演绎。这就决定了在律师事务所的管理中，合伙人提供的培训就更显重要。

第二，知识的复杂性。这是指知识型资源要发挥创造力必须和其他资源相互配合才能进行，由此影响到编译和模仿的效果。

第三，专用性。这是指某些资源具有专属性，根本无法转让和转化，例如律师担任的社会职务。

编译和模仿的不完善性加重了律师事务所对合伙律师个体拥有资源转化的困难以及转化的效果往往不尽如人意，从而没有形成共享公共资源。

（3）扩散性。这是指员工的资源可以进行移植和扩散，并且不因此而被消耗。这种特征使知识型资源具有（准）公共物品的特性。影响知识型资源扩散的因素主要有：其一，知识型资源的使用价值的专用性。如果该资源只对律师个人有使用价值，对企业的使用价值不高，则扩散缺乏意义。其二，编译和模仿困难程度高，则扩散性较低。知识型资源的可扩散性说明律师事务所可以将合伙律师的个人资源转化为集体资源，成为律师事务所独有的公共基础资源。

(4) 累积性。这是指知识型资源的形成具有过程性和时间性。这种累积性一方面说明律师个体获得知识型资源来之不易，强化了他敝帚自珍、孤芳自赏的心理。如果个体的付出与收获并不符合其意愿，律师个人将个体资源转化为集体资源的积极性是不高的，他们甚至可以采取结果共享，如共同分摊成本，但绝不会采取资源共享，如仍然使案源永远从属于个人。另一方面说明了律师事务所在转化律师个体资源时的困难性和长期性。

(5) 发展性。这是指个体和集体的知识型资源，随着发展和外部环境的变化，自身适应性方面的不断完善和提升。具体表现为知识型资源随着使用频率和时间的增加而日趋完善，以及知识型资源的再生繁殖能力。旧的资源通过组合等方式拓展为新的资源，这种发展性的特性要求加强律师的个人学习和律师事务所的组织学习，提高资源的发展速度和增幅，形成持久的企业竞争力。

律师提供给律师事务所的知识型资源，包括市场资源、人力资源和社会资本资源。

(1) 市场资源

市场资源是律师拥有或控制的，与市场相关的资源要素。主要包括：

①客户群。考评的指标包括客户的性质（如自然人、公司或行政机关），数量（含客户的总数和个体规模）以及客户与律师之间的纽带因素（如客户忠诚度）。

②律师的业务开拓能力。

③律师拥有的能够带来客户的各种关系，如与某产业协会的战略合作。

如果律师事务所能够整合律师的上述资源，将有助于提高企业的市场竞争力。强大的客户基础、良好的美誉度影响到客户对律师事务所服务的选择，提高客户对律师事务所的忠诚度，从而提高律师事务所的获利能力。

在一般的公司企业中，市场资源是最容易为企业所整合，但这一现象在律师行业中却不易见到。究其原因如下：其一，由于律师服务的质量难以量化，客户缺乏评判法律服务产品质量的标准，只能将其信任关系建立在律师个人而非律师事务所，并且形成了客户选择律师的传统习惯和路径依赖。其二，律师事务所缺乏独立的资源建立起客户的信心，因为律师事务所对于某个律师提供的服务未必能够提供替代。律师事务所既缺乏相应的资源，也缺乏可行的业务办理程序、能力来支撑良好的服务，从而树立律师事务所的美誉度。可见，知识型资源的累积性在律师行业尤为明显，现实中所谓具有良好声誉的律师事务所基本上都经过了长时间的积累。

（2）人力资源

律师所提供的人力资源，就是依附于律师个体但能够为律师事务所创造价值的能力。这种资源有以下特点：

①人身依附性。这是指人力资源附属于特定的律师主体，为律师个体所掌握和行使。

②编译性及模仿性低。对于律师个体的教育程度还可以学习和模仿，但对于律师的执业资历，与工作有关的知识判断力和心理素质，是不可能实现完全的编译和模仿的。

③共享性。只要采取坦诚合作的态度，加强个人和集体学习，是可以有力地提高其他律师的人力资源的。

律师提供给律师事务所的人力资源的指标包括：教育水平、专业素质、与工作有关的知识和经验、专业能力、心理素质。

律师的人力资源是律师的立身之本，是律师成为合伙人的资格条件，也是他在残酷的市场竞争中赢得胜利的核心。当然，它同样是律师事务所转化律师个体资源的核心内容之一。因此，上述人力资源指标在本书中尽可能列入合伙人的考核指标。

（3）社会资本资源

社会资本的理论来自社会学。主要有以下三种：

第一，"关系网络"理论

布迪厄（Piere·Bourdieu）认为资本分为经济资本、社会资本和文化资本，三者之间可以互相转化。社会成员以其所占资本数量划分为不同的等级，因此每个人都在保有或扩大自己的资本。统治者努力将经济资本转化为其他资本，采取"去经济化"的方法来显示他们垄断和统治的合法性。社会资本往往与成员的资格相联系，通过有意识或者无意识的投资，使成员间形成了长期存在持久稳定的关系。所以，这种投资是长期的。

第二，"社会结构资源"理论

詹姆斯·科尔曼认为每个社会成员都拥有三种资本：人力资本、物质资本、社会环境形成的社会资本。每个成员为了自己的目的相互之间交换上述资本，形成了持续存在的社会关系，包括权威关系和信任关系。社会关系不仅是社会结构的组成部分，也是一种重要的个人资源。

第三，"信任论"理论

福山认为社会成员之间的信任是一种社会资本。社会成员依据成员的素质和共同遵守的规则形成了相互之间的信任关系。福山认为这种信任主要存在于家庭和社团两种组织之中，表现为家族主义和团体主义。

社会资本是社会成员在交往中形成的一系列认同关系以及不同主体之间共同认可的历史传统、价值理念、信仰和行为规范。通过社会资本，社会成员得以调动和利用各种社会资源，包括各种信息、发展机会、权力与影响，以及各种有形或无形的支持。律师的社会资本可以体现为企业（律师事务所）内部的人与人之间的互相信任、关爱、团队和企业文化；可以体现为律师事务所之间的合作甚至战略联盟；可以体现为律师在行业协会中担当的角色，如担任领导职务或业务委员会成员；可以体现为与客户之间的良好关系；可以体现为在社会公众之间的良好形象和美誉度。律师的社会资本来源于以下方向：其一，因亲缘而产生，包括血亲、姻亲及家族关系。其二，因地缘而产生，如加入同乡会、形成地缘观念。其三，因教育而产生，如来自同一高校形成的同学关系。其四，因业务而产生，如因为现存客户的信任推介产生新客户。其五，因社会交往而产生，如加入某种协会，或因业务突出而担任社会职务。其六，因信仰而产生，如因同在民主党派而形成的同志关系。

律师的社会资本，是律师贡献给律师事务所的各种资源中最难以量化评估的，但是它又是极其重要的资源。例如，律师担任省级律师协会会长，或担任某一商会（如广东省潮汕商会）的领导职务，就可能带来巨大的客户群。由于笔者的研究能力有限，故本书中努力提取能够外显化的社会资本予以考评。

综上，笔者认为合伙的本质（内容）包括两部分：第一是对合伙理念的认同，其中包括对律师的社会定位、合作与利他的认识以及对律师事务所的使命愿景和目标的认同。第二是合伙人贡献其市场资源、人力资源和社会资本资源，并愿意将其转化为律师事务所的市场资源、人力资源和社会资本资源，再加上律师事务所的组织资本资源，构成律师事务所的总资源。律师合伙的本质决定了律师事务所战略的制定方向和实现途径。

第三节 基于资源理论的竞争优势

对于何谓竞争优势，国外学界基本上是从价值创造和经济利润角度定义。前者见波特（1980）在《竞争优势》中的定义："竞争优势归根结底来源于企业为客户所能创造的超其成本的价值。价值是客户愿意支付的价钱，而超额价值产生于以低于对手价格提供同等的利益，或提供独特的利益。"后者以舒梅克（Schoemaker）（1990）的论述最为经典，"当企业可以系统地创造高于平均化水平的回报时，该企业即具有竞争优势"。[1] 笔者认为巴尼（Barney）（1991）的定义更为合适："当企业执行某价值创造战略，而该战略没有被任何当前或潜在竞争对手执行时，该企业就可谓有了竞争优势。当该价值创造战略所带来的利益不能被当前和潜在竞争者复印时，即谓持续竞争优势。"[2] 这种观点的核心竞争优势体现为独特价值创造战略的执行。本书认为前述两种观点忽视了相对优势的情况。只要企业在某领域拥有相对的竞争优势，该企业就有存在的理由和价值，并不一定要求其优势必须出众（即高于平均化水平）。

---

[1] Schoemaker P. J, "Strategy, Complexity, and Economic Rent", *Management Science*, (36) 1990.
[2] Barney. J. B, "Firm Resoured and Sustained Competitive Advantage", *Journal of Management*, (17) 1991.

一、战略理论的历史回顾

1. 以环境为基础的经典战略管理理论

钱德勒首先提出的企业战略是"结构跟随战略",核心是认为企业战略应该适应环境并满足市场要求,组织结构又必须适应企业战略。

沿着战略构造问题的研究,安德鲁斯和安索夫把战略形成分成战略制定和战略实施。战略制定过程就是将企业内部因素与外部环境因素相结合和配对的过程,并由此提出了SWOT分析模型,即以企业内部的竞争优势和劣势、外部环境的机会和威胁四种因素来反映前述的匹配。

2. 以产生结构分析为基础的竞争优势战略理论

这一理论以20世纪80年代的哈佛大学商学院迈克尔·波特为代表。波特在梅森和贝恩提出的"S(结构)-C(行为)-P(绩效)"分析范式的基础上,提出了以产生结构分析为基础的竞争战略理论。波特认为企业战略的核心是获得竞争优势,而影响竞争优势的因素有两个,一是企业所处产业的盈利能力。二是企业在产业内的竞争地位。对于前者,波特推出了五力模型进行评估,五种力量分别为现有竞争者的竞争力、潜在竞争者进入的能力、替代品的替代能力、供应商的议价能力和购买者的议价能力。对于后者,波特通过企业本身的战略选择来解决问题,他归纳了三种基本战略:成本领先战略、差异化战略和集中战略。学者普遍认为五力模型是一种静态分析工具,只适合分析产业发展过程中的某个截面,更多只是一种理论思考工具,而非可以实际操作的战略工具。对于波特提出的三种基本竞争战略,笔者认为它们在律师事务所的管理中的可适用性不突出,效果不明显,还是没有解决律师事务所的战略难点。

(1) 成本领先战略

成本领先战略是指企业通过采取行动,以比竞争对手更低的生产成本向顾客提供产品和服务。这种战略是以规模经济效益为基础的,在削价竞争中的优势尤为明显。其具体类型有五种:一是简化产品型成本领先战略;二是改进设计型成本领先战略；三是材料节约型成本领先战略；四是人工费用降低型成本领先战略；五是生产创新及自动化型成本领先战略。律师事务所的竞争不以价格取胜，而以质量取胜，也不存在规模经济带来的福利，通过削减成本走低价格路线和增大办案量都不是律师事务所做大做强的路径。另外，律师事务所提供的产品的成本（如办理某宗刑事案件或介入某宗并购项目）比较固定，很难分化出可以削减的细节。律师事务所的成本主要体现在人员薪酬上，这种削减会极大影响员工的积极性，可谓得不偿失，并且这种削减与单个产品成本核算的量化关系也难以证明。至于简化产品、改进设计、材料节约和生产创新等诸办法在律师事务所中都是不适用的。

（2）集中战略

集中战略是通过满足特定消费者的特殊需要或者集中服务于某一区域市场，来建立企业的竞争优势。这种战略是毕其功于一事（或一区），而不考虑行业的其他细分或市场。现在律师事务所提供的服务产品种类不多，集中产品的选择余地不足（如只办刑事案件），它们基本上都是有很长的历史传承，不可能轻易创造新的服务品种。问题的关键在于律师事务所采取集中战略模式，只选择某一区域或某一产品（如只办刑事案件），将深深受到市场体量的约束，其最终结果是大概率地把律师事务所办成小所或精品所，而不是综合所或大所。

（3）差异化战略

差异化战略是指企业向客户提供的产品和服务与竞争对手存在明显的区别。它的核心是为客户提供有价值的独特性。所谓差异化战略具体有五种类型：产品差异化战略、营销差异化战略、服务差异化战略、人力差异化战略和形象差异化战略。上述五种战略是最为律师业所称道的战略，学者也不乏赞成之声。但经过仔细分析，可以发现这五种差异化战略途径都只是对现有较为成熟的管理技术的应用或者在适应中的小幅度调整。当竞争更进一步白热化时，大家对产品、营销、服务、人力及形象的管理方法都已经基本掌握，这种战略适用的空间和作用将越来越小。最重要的是它没有说明是什么原因或能力使律师事务所能够实现差异化。

从历史的角度看，上述三大种类战略理论都是理性主义的产物，都是对企业外部因素的研究，也都不同程度地表现出静态思维的问题。它们都无法解释为什么在同一行业提供同样产品的不同企业取得的效益会有截然不同的结果。

二、资源基础观的主要观点

维尔纳费尔特（Wernerfelt）在 1984 年发表的《企业的资源观》标志着资源基础观的诞生。该理论的主要观点是：企业是一系列资源的集合体，不同的资源有着不同的用途；企业的差异来自各自资源的差异和异质性；组成企业的资源决定了企业的持续竞争力和竞争优势的差异；外部的市场结构和市场机会对企业的竞争优势产生一定的影响，但不能起决定作用。相比较而言，企业的内部因素比外部环境更具意义；企业资源的积累来自外部资源的转化、摄取和自身创造。

资源基础观起源于 20 世纪 20 年代马歇尔提出的企业内部成长论，经其学生潘罗斯的努力得以发展。之所以由维尔纳费尔特（Wernerfelt）发展成熟，是因为知识经济时代的来临。其最基本的特征是知识已成为最为重要的生产要素，知识代替了资金。对知识的拥有成为影响企业竞争优势的关键因素。

资源基础观建立在两个假设的基础上。其一是企业资源的异质性。这是指不同企业的资源是不相同的，犹如芸芸众生，千人千相一般。其二是资源的不可流动性。它是在资源的不易编译和模仿性基础上形成的，再附加企业之间有意或无意造成的流动壁垒，使资源的流转更为困难或需要更大的成本。

资源基础观尤为适合对律师业进行分析，因为法律服务业已经是非常细分的行业，具有市场对象和服务内容的特殊性。在不同的知识服务行业之间进行选择和比较都是不太可能和没有必要的。所以，基于行业的选择而产生重大利益转向在法律服务业不具有意义。而在律师行业中，不同的律师事务所产生的经济效益差异是巨大的。中国有年收入逾 30 亿元的超大所，也有仅够温饱的个人所。以广州市为例，2018 年律师人均年创收不超过 40 万元的律师事务所存在，但人均年创收逾百万元的律师事务所也并非没有。这就充分证明了不同的律师事务所创造的效益相差甚为巨大。而这一普遍现象，只能以资源观的理论才能得到合理的解释。

三、资源与战略资源

企业资源是指企业控制并能创造企业价值的各资源要素。企业资源是一系列具体资源的集合。根据不同的标准，可以有不同等级和层次之分。

企业资源除了与个体资源一样具有累积性、编译和模仿的不完善性、发展性外，还有交易性、时效性和路径依赖性。所谓交易性，是指资源可以在市场中通过交易行为而获得。所谓时效性，是指资源的有效性是有时间制约的，当超过一定时间时，资源的效用就发生减弱。所谓路径依赖性，是指企业资源是在特定的历史文化背景和内部其他资源间的相互影响下形成的，因此导致对其形成背景环境的依赖性。这三者中最重要的是路径依赖性。

企业资源是在其发展过程中不断累积而形成的。其具体途径有二：一是从外部环境中吸收；二是企业内部的自我创造。企业外部资源的吸收受制于以下因素：其一是企业内部资源的吸收能力。只有企业的内部资源水平能够满足外部资源的生存环境时，吸收才是有效的。其二是外部资源与企业的关联性。其三是企业与外部环境之间的关系。如果企业与被吸收对象具有竞争性关系，其吸收的可能性当然比战略联盟的网络型关系差。其四是吸收成本。企业资源的内部创造活动主要包括三类：其一是外部资源的融合，其二是内部资源的融合，其三是资源的潜力挖掘。

企业的资源可分为普通资源和战略资源。普通资源是指基础性和辅助性的资源。战略资源是指创造企业竞争力的关键性资源。对于战略型资源的识别特征，以巴尼（Barney）（1991）的观点最具代表性，他认为能够产生竞争优势的资源有下列四个特征：

①价值性。指战略性资源能够使企业制定和执行提高其利益的战略。

②稀缺性。指战略性资源只被行业内少数竞争者所掌握。

③不完全模仿性。指战略性资源能够持续地维持企业的竞争优势，而不被竞争对手模仿。

④不完全替代性。指战略性资源缺乏可替代物。

上述理论观点对当今中国律师业的参考意义尤为贴切。

第一，律师事务所的资源包括物化资源、市场资源、人力资源、社会资本资源和组织资源。前四种资源的种类和特征与个体律师事务所拥有的资源一致，所谓组织资源是指企业对其各项资源（如人、财、物、信息等）进行综合管理和运用的制度和方法资源。主要包括：①企业管理制度；②企业决策制度；③企业管理系统；④团队建设制度。企业的组织资源是将企业物化资源场资源、人力资源和社会资本资源有效整合起来从而高效运作的保证。

第二，律师事务所的战略资源全部集中在无形资源上，即市场资源、人力资源、社会资本资源和组织资源。这些资源与一般资源的特征相比较，有两点是需要特别指出的，其一是路径依赖性，这是指律师事务所的市场资源、人力资源和社会资本资源特别依赖于律师个体先行拥有以及与律师个体的密不可分性。这种路径依赖性造成资源从律师个人转化到律师事务所存在困难。其二是不可测量性，这是指对上述战略资源难以量化考核。因此比较难以设计对律师的有效激励制度，使律师对资源的转变不能感觉到正向激励而缺乏积极性。

第三，现在律师事务所管理的核心困惑之一是无法很好地将资源从律师个体手中转化到律师事务所手中，所以始终存在律师和律师事务所对资源的双重掌握。最有效的资源依然掌握在律师个体而非律师事务所手中，律师离开时将带走其拥有的资源，对律师事务所会产生较大的影响。而在律师事务所资源的产生方式上，对律师个人资源的转化固然重要，律师事务所的内部创造更为重要。内部创造方式，无论是对加强律师事务所独立的资源基础，形成律师事务所合力，还是对抗律师个体对资源的把控等，都具有十分重要的意义。可惜的是，我们现在对这两种方式都没有很好地掌握。

四、能力和核心能力

资源基础理论初期是不分资源和能力的,但在后来也注意到了此问题。格兰特(Grant)(1991)认为能力是将数项资源结合起来用于执行一定活动或任务的能力。阿米特和舒梅克(Amit & Schoemaker)(1993)认为能力是利用资源有效地达到所需要的结果的能力。很明显,这里的资源概念是采用狭义的观点,与能力概念是相区别的。

对于能力的讨论在普拉哈拉德和加里·哈梅尔(Prahalad & Garry Hamel)于1990年发表《公司的核心能力》一文后产生了实质的变化。该文认为核心能力为"企业组织中的累积性常识,特别是关于协调不同生产技能和有机结构多种技术流的学识","组织对企业拥有的资源、技能、知识的整合能力,即组织的学习能力"。

笔者充分肯定这两位学者的重大理论贡献:

其一,在资源的基础上区分出了能力的概念,进一步说明企业竞争优势的建立不仅仅在于资源的配置,还必须具有将他们协调和有机整合的能力。

其二,该定义明确了企业培养能力的方向是核心能力,并且强调这种核心能力是长期累积的对知识的产生、学习、消化、吸收和创新的结果。

其三,该定义已经将企业的核心资源瞄准到知识,并指出解决的方式是组织学习。

其四,该定义应该理解为"核心能力",而非"核心竞争力"。因为竞争力只是能力的一种,相较之下,核心竞争力指向的范围较小,核心能力是从其重要性角度来划分和归纳的。

其五,该定义的前半部分受其研究科技企业对象的局限,后半部分强调"协调"和"有机整合",这才是定义的核心之所在。王毅(2002)将核心能力的主要观点归纳为整合观、网络观、协调观、组合观、知识载体观、元件—架构观、平台观和技术能力观八种。这些都是核心能力的外化表现。

五、知识与战略知识

对于知识的定义，同样也是争论不休的。阿拉维和莱德纳（Alavi & Leidner）将知识从与数据和信息的区别、心智状态、物体、过程、信息的存储和能力六个角度进行了不同的定义和分析。本书认为以下学者的定义较有代表性：

①安米特·蒂瓦纳（Anmit Tiwana）的观点。他将企业知识定义为"具有一定结构，相互关联的经历、价值、信息、专业技能以及基于背景的直觉，它们共同形成对新经历、新信息的评估和理解的总体框架。这些知识不仅存在于文件和知识仓库中，同时也存在于组织的日常事务、工作流程、任务实施与行为规范中"。

②波兰尼（Polanyi）的观点。他将知识分为内隐知识（tacit knowledge）和外显知识（explicit knowledge）。外显知识就是有形知识，表现为出版物、软件、标准、公示、专利、数据库及其他可以阅读或感知的知识。内隐知识是没有记载外观表现的经验知识。

③OECD的观点。经济合作与发展组织（OECD）将知识分为四种，即知道是什么的知识（know what）、知道为什么的知识（know-why）、知道怎么做的知识（know-how）和知道是谁的知识（know-who）。第一种是关于实施方面的知识；第二种是关于自然和社会的规律的知识；第三种是关于做事的技巧和经验的知识；第四种是关于思维技巧和学习方法的知识。

巴顿（Barton）（1995）认为企业的能力分为核心能力、辅助能力和操作能力。只有核心能力才能构成企业的竞争优势。按照培养企业核心能力的作用，企业中的知识可以划分为核心知识、领先知识和优势知识。核心知识是能带来持续的竞争优势，使企业领先于竞争对手，或者对企业的经营方式、产品结构和质量有重大影响的知识。领先知识是比核心知识影响差一些，但也能使企业保持一定竞争优势的知识。优势知识是基本的知识，对行业的准入构成壁垒，但它不能使企业产生竞争优势。

在律师事务所中，核心知识就是指律师事务所的市场、人力、社会资本和组织资源，它和核心资源指向的对象是一致的。

六、知识员工与核心知识员工

与知识相对应的企业类型是知识型企业。对它的认识有两种：一是指以知识为对象，对知识进行生产、加工和分配的企业，这是传统的观点。二是指以科技为基础对信息和知识进行生产、存储、使用和传播的企业。无论从哪一种角度评判，律师事务所都是知识型企业。

与知识型企业对应的是知识型员工。达克（Darker）（1978）指出："知识员工是使用心智能力，而非体力为主要工作内容的工作者。知识员工是指那些掌握和运用符号和概念，利用知识或信息工作而非体力为主要工作内容的人。"

王操红（2009）认为知识型员工有五个个性特征，其一是具有较强的成熟动机。这是指他们的工作不仅仅是为了工资，而是希望发挥自己专长，成就事业的追求。其二是具有较强的自主意识，这是指他们在主观上和客观上都不希望受到限制，而是在自主的环境中自我控制和自我发展。其三是具有较强的流动意愿。一方面是因为他们拥有知识、技能和不断创新的能力，另一方面市场竞争中对知识员工的争夺又加剧了流动的动力。其四是能力观念重。因为他们尊重知识和真理，能否获得他们尊重的核心标准是能力。其五是高层次需求。按照马斯洛的观点，他们的需求主要集中在尊重需求和自我实现需求这两个较高层次上。根据玛汉·坦姆的统计，知识型员工注重的因素分别为：个体成长（34%）、工作自主（31%）、业务成就（28%）、金钱财富（7%）。[①] 知识员工在工作中有两个特点：其一是工作复杂性高。这是指劳动的复杂性，包括劳动过程的复杂性、劳动成果的复杂性和衡量的复杂性。其二是工作的创新性鲜明。

企业的知识型员工，根据所在位置以及所起的作用，可以分为普通知识型员工和关键位置知识型员工，后者就是核心知识员工。

[①] 王操红：《知识型企业高绩效工作系统研究》，厦门大学2009年博士学位论文。

上述理论在律师业中都能得到较好的印证。

第一，律师事务所是典型的知识型企业，它所提供给市场的产品，就是对知识的收集、提升、协调的结果，具有高附加值的特点。

第二，律师事务所的合伙人就是它的核心知识员工，具有一系列个性和工作上的独特特征。这就要求律师事务所对其管理应该是柔性的而非刚性的，以能力而非行政权威去统领，既注重他们的物质需求，更注重他们的精神需求，表现为对事业成功的渴望。还要精心准确地构想出一套较为科学的考核标准，以准确体现他们的脑力劳动。笔者认为，以实施战略意图的平衡计分卡技术就能较好地达到上述一系列目的。

七、个体学习与组织学习

普拉哈拉德（Prahalad）和加里·哈梅尔（Garry Hamel）在定义核心能力时，已经指出它的深层次实质是知识，是"组织中的积累性知识，特别是如何协调不同的生产技能和有机结合多种技术的学识"。事实上，知识在现代社会中已经成为最重要的资源，知识创新就是企业取得持续竞争优势的关键。彼得·圣吉（Peter Senger，2018）指出："一个组织拥有长期竞争力的关键，在于他们有比竞争对手更强的学习力。"比贝拉（BiBella）（1995）认为组织学习是资源稀缺环境中组织进行变异、选择、保留优势这样一个循环的过程，而每一次循环使企业更适合环境。

就律师业而言，将个人资源转化为律师事务所公共资源，甚至在此基础上发展出独有的知识积累，其关键在于学习。它产生了知识的共享和创新，这绝对不是因为市场购买行为就能达到目的。诺卡（Nonaka）（1995）在其著作《创造知识的公司》中提出了著名的知识创造模式，即 SECI 模型，证明企业内部的知识创新就是知识在企业内互相转化的过程。

1. 社会化（群化），从默会知识到默会知识

这是指只是在企业内部个体之间的分享过程，例如律师事务所的师徒相授、传艺，具体可以表现为岗前培训或在岗培训，通过分享而创造出默会知识。

2. 外部化（外化），从默会知识到外显知识

这是指把默会知识通过隐喻、类比、概念、假设或模型等形式变成外显知识。

3. 组合化（融合），从外显知识到外显知识

这是指将不同的外显知识融合起来，系统化成为一个知识体系，例如学校的正规培训。

4. 内部化（内化），从外显知识到默会知识

这是指外显知识又纳入默会知识，即员工个人的经验和技巧的培养过程。它是一个"干中学"的模式。

从社会化到外部化、组合化最终内部化，知识学习已经构成一个循环，并由此产生新的知识，新的知识又重新开始上述循环，再次形成一个动态螺旋式上升的过程。如此反复，支持企业核心能力的不断更新和发展。

组织学习分为个人学习、团队学习和组织学习三大类型：

1. 个人学习

个人学习是指个人获取知识和技能的过程。这种知识，既包括具体的技术和操作技巧，也包括理解能力，换句话说，个人学习可以分为应用层次上的学习和概念层次上的学习，它的具体模式以科夫曼（Kofman）的 OADI 模式最为著名，即见—解—思—行。

2. 团队学习

团队学习介于个人学习与组织学习之间，但它又是两者连接的纽带。团队学习最大的特征是交互作用，即团队成员之间的相互交流和分享，它把个人的心智模式和共享模式结合起来。由此把个人知识转化为组织知识，并进一步影响组织，才会发生组织的双环路学习。

3. 组织学习

从理论决策的角度看，组织学习是组织的适应行为，是为了规避管理风险，从过程失误中总结有效的解决方法，并予以实施的行为。从知识应用观

点的角度看，组织学习是对有关知识积累和发展创造的过程。组织学习可以分为内部学习和外部学习，前者指成员在组织内知识分享和创造，后者指从组织外部获得知识。组织学习又可以分为单回路学习和双回路学习，前者指组织通过环境的负反馈触发采取行动，使外部环境重新恢复平衡；后者指通过对各项反馈因素的分析和组合，对组织系统运行规则和行为方式进行重新认定。

彼得·圣吉提出创建学习型组织的五种修炼模式是一套较为有效的科学方法：

1. 倡导创新，鼓励自我超越

这是将组织学习的意愿和能力化为个别员工对于学习的态度，并养成终身学习的良好素养。

2. 倡导沟通，鼓励开放的心智模式

这是将个人的心智方式调整成开放的系统，不再局限或仅满足于已有的成熟，放眼外部环境，采纳有益于己的各种知识，这是一种世界观。

3. 倡导文化建设，建立共同愿景

没有共同愿景，个体员工的学习知识只是"适应性的学习"，只有建立在共同的目标、价值观和使命感的基础上，员工个体的力量才会形成合力，才会有"创造性的学习"。

4. 倡导团队学习，实现知识共享

通过团队学习，形成集体智慧，提高组织思考和行动的能力。

5. 倡导系统思考，实现组织整合

系统的思考方式，能够全面细致地考虑到各因素的轻重。比例因果关系，避免个体片面和主观的思考模式，才能使组织面对复杂的外部环境做出正确的应对方法。

所谓组织学习，就是对五种修炼模式的整合，形成因果相关，环环相扣的有机体系。

笔者认为，学习能力是组织的核心能力之一，变化的环境和激烈的竞争要求组织不断学习以适应环境并建立竞争优势。马奇（March）和西蒙（Simon）提出了组织学习的概念，认为组织学习是组织在面临变化日趋复杂的内外部管理环境，通过有组织、分层次的学习行为，实现组织成长所需知识与能力的顺利传递与提高，克服发展障碍，顺利实现变革的社会化行为。陈国权（2009）认为组织学习是组织成员不断获取知识、改善自身行为并最终上升到组织体系的优化，使组织在急剧变化的内外部环境中持续生存、发展和壮大的过程。综合来讲，组织学习就是组织不断改变自身以适应环境的过程。组织学习的过程需要个人学习的参与，个人是组织学习的最小细胞和学习型组织中的重要主体，组织中每个领导者、管理者和员工的学习行为和能力对整个组织的学习能力和学习型组织的建设都有重要影响（陈国权、李赞斌，2002），所以组织日益重视组织成员学习能力的提高。对于组织成员个人而言，学习能力越高，个人可持续竞争力就越强，可以持续获得良好绩效，所以组织成员都具备较高的学习能力，有助于达成组织绩效目标。

陈国权（2009）支持组织学习研究的能力取向，强调任何组织都存在有意识或无意识的组织学习行为，只不过组织间学习能力强弱存在差异。他提出组织学习行为和组织学习能力结构，包括九种组织学习能力（行为），分别是：（1）发现行为（能力），这是指组织发现组织内部问题或外部环境变化，并能够判断这些问题和变化将会给组织带来挑战和机会的行为（能力）；（2）发明行为（能力），这是指组织根据面临的挑战和机会提出新措施和方案的行为（能力）；（3）选择行为（能力），这是指组织从众多方案中选择最优措施的行为（能力）；（4）执行行为（能力），这是指组织将选择出的新措施和方案在组织中有效贯彻的行为（能力）；（5）推广行为（能力），这是指组织在其内部将知识和总结的经验从局部传播到组织内部更大范围来共享的行为（能力）；（6）反思行为（能力），这是指组织对过去已经成功或失败的措施或方案进行总结归纳形成知识和制度的行为（能力）；（7）获取知识行为（能力），这是指组织主动通过多种渠道获取和吸收外部知识的行为（能力）；（8）输出知识行为（能力），这是指组织已经从内部转向外部，根据自身发展需要传播自身知识和经验的行为（能力）；（9）建立组织知识库行为（能力），这是指组织在其内部对获取的知识进行积累、整理和存取的行为（能力）。陈国权（2009）指出九个能力相互影响，组织在每个分能力上的表现都将影响绩效水平和组织的可持续竞争力，从整体上提高组织学习能力才能真正建立学习型组织，他又根据组织学习能力模型推出相似的个人学习模型。企业培养个人和组织学习能力，目的在于满足组织成长的需求和适应外部环境的变化，本书主要探讨的是个人和组织学习能力对绩效考核体系中介作用的调节作用，探索企业通过绩效考核以及提高个人和组织学习能力来提高绩效的路径。

阿吉瑞斯（Chris Argyris）和熊恩（Donald Schon）在1978年提出经典的组织学习过程四阶段模型，即发现、发明、执行和推广。阿吉瑞斯认为组织作为一个整体进行学习首先要发现组织内部的问题和外部的机会，再在"发明"阶段寻找解决问题的方法，实施解决方法，最后将新办法或程序在整个组织"推广"。管理者通常都会借助这个经典模型来加强组织学习，但是第一步发现问题就困扰着他们，绩效结果无法体现组织存在的问题，虽然可以通过观察或访谈探知问题，但总是带着个人主观色彩，平衡计分卡的出现为他们提供了分析问题的框架。管理者可以借助平衡计分卡的四个维度来将企业的绩效结果进行拆分，通过与行业内其他企业的对比或者是各指标的变化来发现"绩效缺口"，这种差距会促进学习的产生，企业通过实施新措施来改进问题，但是因为组织学习困难的存在，最终组织学习的结果也就是企业绩效结果会受到企业学习能力的强弱的影响，不是所有的新措施都能取得令人满意的结果。所以，组织学习能力可以在绩效考核体系和企业之间起到调节作用。

组织学习活动通常产生于三个层次：个体层、团体层、组织层与组织间层次，各个层次相互影响，共同影响组织学习的输出效果。合伙制的所有权激励机制让组织内成员注重个人能力的提高，他们会通过个人的学习来获得知识的增加和经验的累积。同时声誉对于专业服务企业至关重要，所以代际培养机制得以在合伙制企业中存在，合伙人会注重培养普通员工的人力资本，这个过程实现了组织内知识与能力的传递，这样个人学习就上升到组织学习层面。这种积极正向行为的结果并不能通过绩效直接得到，管理者可以借助平衡计分卡的维度得到个人学习和组织学习能力提高带来的企业绩效的变化。

战略管理包括战略规划和战略执行两部分，没有有效的企业战略执行力，战略目标只能是可望而不可即的空中楼阁。平衡计分卡绩效考核体系将战略目标转化为各部门和个人可操作性目标后，可作为战略执行的依据。在战略执行过程中，组织学习对战略执行产生了正向的影响，组织学习能力越强，组织的战略执行力越强，从而对绩效结果产生影响。

八、动态复杂环境下的柔性战略

战略是组织外部环境和内部资源共同作用的结果。因此在战略制定之前，必须对组织面对的环境进行分析。罗宾斯（Robbins，1994）将环境分为确定性环境和不确定性环境，又用两个维度来描述不确定性环境：变化程度与复杂程度。由此将不确定性环境分为简单稳态、简单动态、复杂稳态和动态复杂四种类型。

在现代社会中，环境中的不可控因素远比可控因素表现突出。这种不可控性主要是因为下列原因而产生的，其一是快速变化的政治、经济、文化、技术和产业环境的变化以及竞争对手、顾客偏好的复杂性；其二是对于不同环境引起的竞争互动；其三是企业内部决策者与被决策者之间的冲突；其四是竞争规则的变化。对于这种环境不可控特征的描述有三种认识：

①不确定性环境

这主要强调环境中的各个部分互相作用，使管理者无法准确预测其变化规律，只有通过精密的分析，才能做出有效的战略管理措施。

②超级竞争环境

这是强调竞争优势的变化逐渐加快。达文尼（D'Aveni，1994）认为全球化、网络化、技术的快速变化和降低成本的压力造成了超级竞争环境。任何组织在这种环境下都不能满足于原有的竞争优势，必须具有战略的灵活性，迅速从一种优势转化或创造出另一种优势，才能做到适者生存。

③动荡环境

查克拉瓦蒂（Charkravarthy, 1997）提出了动荡环境（turbulent environment）的观点，他认为环境的复杂性和动荡性造成了动荡环境的态势。

在上述三种认识中，不确定性环境观点是一种相对概括和浅显的描述，超级竞争环境的观点聚焦到战略的持续转换，动荡环境论观点更能深刻地描述环境的复杂性以及组织战略对环境不断的变化适应。

约瑟夫·熊彼特认为，在任何相对静止的阶段，企业以其不可模仿资源和率先行动的优势获取利润，社会环境的变化将破坏这种静止阶段，旧的优势将会终止，只有利用创新的力量，才能继续获得利润，这种演变的过程是"创造性毁灭"。约瑟夫·熊彼特的理论指出了资源隔离机制是很难维持的，只有动态能力和创新才是企业正确的应对之策。

动态环境要求管理从线性思维转向非线性思维，由纯粹竞争转向加大合作。充分注意到模仿壁垒的失灵，从传统的物质资源转向知识等新资源，特别是重视战略的柔性思维。

柔性可以表现在资源上，罗恩·桑切斯（Ron Sanchez）认为资源的柔性就是资源的适应性和协调性：（1）资源的使用范围越大，其柔性程度越高。（2）资源的用途转换难度和成本越小，其柔性程度越高。（3）资源的转换时间越短，其柔性程度越高。柔性资源是应对环境变化的缓冲器，在组织中积累和制造一定的柔性资源可以为解决环境的不可控性提供物质条件。

柔性也可以表现在能力上，企业对不同的资源进行组合形成不同的系统，本身就表现出不同的柔性。这里的柔性能力是指组织在应对环境变化的过程中，逐渐发现各种资源并对其整合和配置，使其发挥更大的价值。它体现在对机会的识别和把握的迅速性和成本。第一，企业不能限于现有的能力，还需培养能够应付新环境的各种能力，这些能力形成一个宽泛的、多层次的组合。第二，企业能够迅速地运用各种能力去应对环境的动荡变化。

柔性也是战略自有的一种属性，埃文斯（Evans）（1991）将战略柔性定义为帮助组织重新定位条件变化的能力，柔性是制定战略、方案和实施中不可缺少的特征。

柔性战略的基本观点如下：

①柔性战略强调与组织内外部环境的匹配性。

②由于组织的利益受到环境变化的影响，所以柔性战略的目标必须长远。

③柔性战略的实质就是动态能力的运用。因为它主张路径依赖使企业的战略制定和实施都是长期积累的产物。由此产生组织刚性与快速变化的环境之间的矛盾。只有动态能力才能扭转这种错位和矛盾。

④柔性战略是要求通过主动利用和创造变化来提高竞争力，产生新的竞争优势，而不仅仅限于对环境变化的适应。

⑤柔性战略强调组织的创造性，这些又以组织的学习能力为支撑。

柔性战略提醒律师事务所的管理要注重企业文化，创造良好的企业环境，提高合伙人和律师助理的各种素质，对内形成凝聚力。通过组织学习，创造竞争对手无法逾越的新的资源优势，建立律师事务所的动态能力，不断地适应竞争环境变化和创造新的竞争优势。

第四节　平衡计分卡

企业的战略管理包括战略成型、战略执行和战略控制。当企业制定战略后，战略执行就是最重要的工作。大多数情况下，问题不在于战略不好，而在于执行不到位。对于战略制定的研究更多的是理论研究，实施的最大困难是如何化战略为行动，把管理层制定的战略化为被管理者的关注点，并使他们愿意为之努力。在这一方面，平衡计分卡就是一项很好的技术。2003年，《哈佛商业评论》评选"过去80年来最具影响力的十大管理理念"活动中，平衡计分卡名列第二，被誉为"75年来最伟大的管理工具"。

一、平衡计分卡的发展

平衡计分卡（Balanced Scorecard，BSC）是哈佛大学教授卡普兰（Kaplan）和美国复兴方案公司总裁诺顿（Norton）共同开发的一种能够有效地、全方位地、系统地评估企业的管理效果所产生的绩效的考评体系。平衡计分卡以企业战略为核心，从财务、客户、内部业务流程、学习与成长四个维度来进行绩效评估。平衡计分卡从产生之初，就被众多著名企业、公共机构采用，在中国也取得了辉煌的成绩。它的发展经历了三个阶段：

1. 绩效考核阶段

平衡计分卡产生的原因，是卡普兰（Kaplan）和诺顿（Norton）认为当时企业以财务会计指标为主的业绩衡量方法已经不合时宜，对这些财务指标的依赖，会妨碍企业创造未来价值的能力。他们在经过研究后，于1992年在《哈佛商业评论》发表了文章《平衡计分卡——驱动业绩的指标》，指出平衡计分卡与企业战略挂钩的重要性。然后他们在1993年的《哈佛商业评论》发表文章《平衡计分卡的实践》，描述了战略成功选择指标的重要性。平衡计分卡在得到美国一些著名公司的实践后，卡普兰（Kaplan）和诺顿（Norton）又于1996年在《哈佛商业评论》中发表第三篇文章《平衡计分卡在战略管理系统中的应用》，并于1996年出版第一本相关著作《平衡计分卡——化战略为行动》。这一阶段平衡计分卡的定位是围绕企业战略的绩效考评体系。

2. 战略地图描述阶段

围绕着第二阶段，卡普兰（Kaplan）和诺顿（Norton）于2000年在《哈佛商业评论》发表了文章《战略有麻烦？绘出你的战略来》，并出版了《战略地图》一书，阐述如何将战略化为具体的目标和体系。其最重要之处在于分析平衡计分卡的四个维度之间的因果关系，通过各层次之间的衔接展示公司战略、框架或将流程、人员和技术与客户的价值以及客户和股东目标连接在一起。

3. 管理工具阶段

2001年卡普兰（Kaplan）和诺顿（Norton）出版了著作《战略中心型组织》，阐述将平衡计分卡作为企业战略管理的核心工具，并提出连接组织衡量和管理系统与组织战略所需要遵循的五项原则：通过执行层的领导力推进变革、将战略转化为具备可操作性的行动、使组织与战略协调一致、使战略成为每一个人的日常工作和使战略成为持续性流程。

2005年，卡普兰（Kaplan）和诺顿（Norton）出版了关于平衡计分卡的第四本著作《组织协同》，主要讨论企业战略地图和平衡计分卡如何澄清战略，并把公司战略的重点与各业务、职能单位、董事会、关键客户等进行有效沟通，企业总部通过检查涉及各单位的战略地图和平衡计分卡，将公司的战略有效地贯彻落实下去。

平衡计分卡为组织战略提供一种逻辑清晰、简单明了的思维模式，为组织员工理解高层战略意图，在组织成员间实现愿景互动沟通，提供一种必要而重要的基础操作平台；为统筹配置组织资源、协同相关部门步调提供一种战略目标导向；为全程监控组织运作状况和绩效状态提供评价测量标准；为组织健康发展提供一种战略性激励机制。这是平衡计分卡能够长盛不衰的根本原因。

二、平衡计分卡的构成

1. 平衡计分卡的理念

平衡计分卡能够获得巨大的成功，主要是因为它能将企业的战略转化为实践。其中充分贯彻两个核心理念：

（1）战略理念

平衡计分卡不仅是绩效评估系统，还是一种战略管理系统。它围绕企业的愿景，通过财务、客户、内部业务流程、学习与成长四个层次的指标之间的相互驱动的因果关系来展示企业战略的构成，并从绩效考核的角度体现战略的实施。

(2) 平衡理念

平衡计分卡起源于对企业原来只重视财务考核的指标的反思,所以其构成的四个维度指标,能够有效体现战略实施中的各种平衡。一是财务性指标与非财务指标的相互平衡。平衡计分卡除传统的财务指标外,增加了三个非财务指标:客户、内部业务流程、学习与成长。二是外部评价指标与内部评价指标的平衡。其中,外部评价指标包括股东和客户对企业的评价,内部评价指标主要是内部业务流程,员工的学习与成长等。三是长期性指标与短期性指标的平衡,前者如员工成本、研发费用等。后者如利润指标等。另外,长期指标也可以逐渐分解并细分为短期目标。四是成果评价指标与导致成果出现的驱动因素指标的平衡。前者如利润或市场占有率,后者如新产品投资开发等。五是经营业绩指标与管理业绩指标的平衡。前者是企业经营带来的财务状况和经营成果,如利润;后者是对经营管理水平的评价指标,如员工满意度。

2. 平衡计分卡的基本内容

平衡计分卡的核心思想就是通过财务、客户、内部业务流程、学习与成长四方面指标之间相互驱动的因果关系来测评和管理企业的绩效,实现企业的战略意图。

(1) 财务层面

财务指标是企业经营的最终目标,也体现了围绕企业的各相关利益者的利益。财务指标主要围绕五个方面设置:①获利能力,如利润率、投资与收益率;②收入的增加,如销售市场份额和销售收入增长率;③降低成本或提高生产率,如单位成本、销售费用;④资产运用效益,如资产周转率;⑤经营风险,如负债比率。

(2) 客户层面

客户是企业服务的对象、利润的源泉,只有企业提供的产品或服务能够满足客户的需要,企业才能得以生存和发展。客户层面的指标主要有市场份额、客户保持率、客户获得率、客户满意度和客户获利率。

(3) 内部业务流程层面

这是平衡计分卡与传统业绩衡量系统的最大区别，它是讨论企业采取何种内部措施来保障创造客户价值，体现的是企业竞争能力的产生过程，也是企业改善经营和调整竞争应变策略的重要体现。从价值间模式角度可以分成三个过程：创新、经营和售后服务。

创新就是确立新的市场、客户，开发新的产品和服务。它的考评指标主要是：新产品开发时间与成本，新产品的销售比例。

经营就是从接到客户订单开始，到递交产品或服务给该客户结束。它强调的是高质量和高效率，考评指标有：产品生产周期、交货效率、产品质量、返工率等。

售后包括提供担保和产品维修、退货以及赔偿等手续，相应的指标有：服务质量、服务态度、及时性以及售后服务成本。

(4) 学习与成长层面

这是平衡计分卡对企业未来投资的重视以及企业的基础框架的考评。主要包括三个范畴：员工能力，信息系统能力，激励、授权和协作。衡量员工的指标有员工满意度、员工保持率、员工生产率；信息系统能力的考核有战略信息覆盖率；对于激励、授权和协作的考评主要体现员工的个人目标与企业整体目标的配合率，以及员工能否参与企业管理规章制定的保障度。这些指标大多涉及定性，所以难以量化。

财务层面讨论的是"要在财务方面取得成功，我们应向股东展示什么"，客户层面讨论的是"为了达到愿景，我们应对客户展示什么"，内部业务流程层面讨论的是"为了满足客户和股东，哪些流程必须表现卓越"，学习与成长层面讨论的是"为了达到愿景，我们如何维持变革和改进的能力"。可见，平衡计分卡是围绕着企业的愿景和战略，形成了系统化的因果关系和相互支撑、相互制约的有机系统框架。

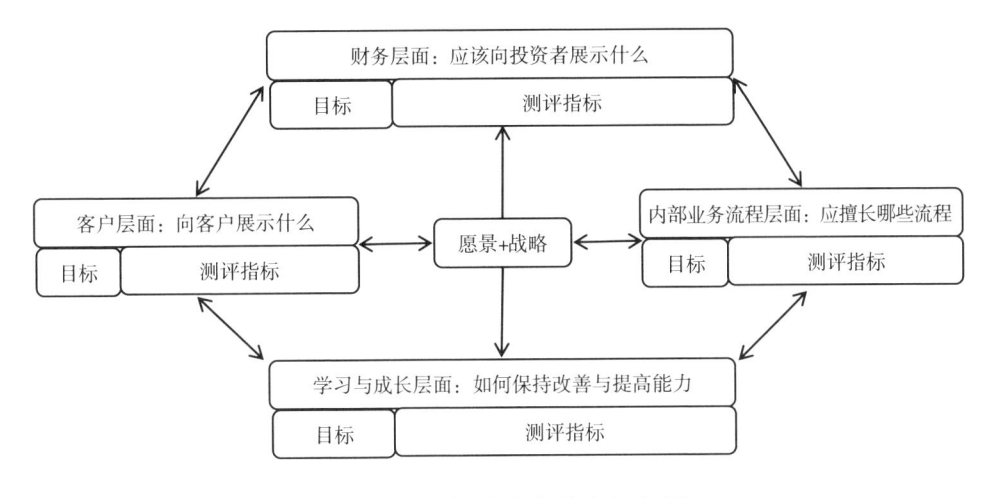

```
                    财务层面：应该向投资者展示什么
                    ┌──────┬──────────────────┐
                    │ 目标 │     测评指标      │
                    └──────┴──────────────────┘
                              ↕
客户层面：向客户展示什么              内部业务流程层面：应擅长哪些流程
┌──────┬──────────────────┐  ┌────────┐  ┌──────┬──────────────────┐
│ 目标 │     测评指标      │←→│愿景+战略│←→│ 目标 │     测评指标      │
└──────┴──────────────────┘  └────────┘  └──────┴──────────────────┘
                              ↕
                学习与成长层面：如何保持改善与提高能力
                    ┌──────┬──────────────────┐
                    │ 目标 │     测评指标      │
                    └──────┴──────────────────┘
```

图 2-2　平衡计分卡基本框架图

三、化战略为行动

平衡计分卡根据以下三个原则，将一系列相互联系的指标与企业战略连接在一起，使困扰管理者的战略实施得到有效的执行。

1. 因果关系

休谟（Hume）认为，因果关系的概念是：X 发生在 Y 之前，X 发生后 Y 必然或极高的概念会出现，两者的这种关系能够被观察或证实。因果关系使平衡计分卡的四个层面产生内在的联结，进而构成一个有机系统。例如，资本报酬率是平衡计分卡的财务指标，它的驱动原因是客户的重复购买和销售量的增加，这都是客户忠诚度的体现。客户的忠诚度来源于及时交货率，而客户忠诚度和及时交货率同属于客户层面的指标。及时交货率的提高是因为企业在内部流程中能够缩短经营周期和提高流程质量导致的，最终要加强学习与成长层面的员工技术指标。上述关系构成一个完整的因果关系律。

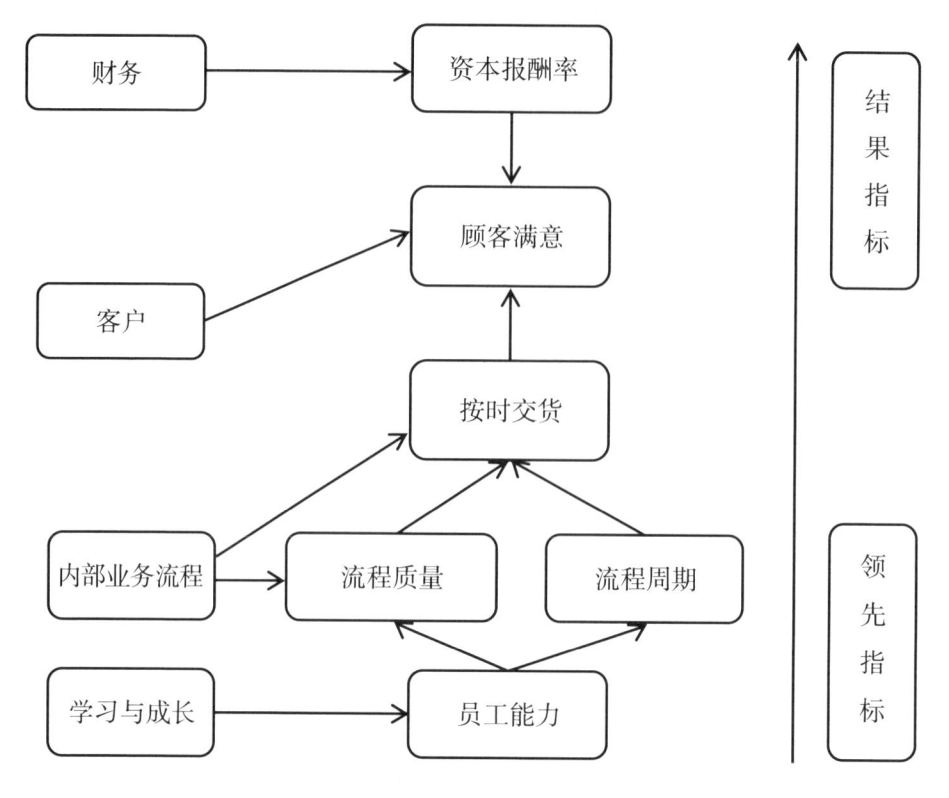

图 2-3 平衡计分卡因果关系图

因果关系律是平衡计分卡的最重要特征，它是平衡计分卡的本质。如果丧失了这一特性，那么平衡计分卡根本不是一个创新，而与其他管理工具无异。平衡计分卡用战略地图来展现各层次间的因果关系，但对于如何将层面的战略目标转化为量化指标，战略地图却没有提供一般原则和方法。对于平衡计分卡的因果关系，诺雷克里特（Norreklit，2000）提出了怀疑和批判，他认为因果关系应该体现为能够以财务计算来评定，而平衡计分卡是做不到的。具体表现为：

①时间因素。这是指平衡计分卡的各层面指标之间的因果认定没有考虑到时间维度。在实践中，指标之间的作用反应不是即时的，而是需要一定时间的考验，其间所谓的原因已经发生了变化，不再能够证明其仍然是引起结果的唯一因素。例如，企业内部流程的改革要在数月后才能提高客户满意度，而员工学习与成长效果的体现需要更长的时间，其间可能因为企业采取新的

技术，降低了产品成本或提高了产品性能，导致客户满意度的提高，此时再坚持把内部流程的改进认定为客户满意度提高的根本原因就不准确了。

②指标间的关系构成的复杂性。平衡计分卡指出的因果关系是单向的线性关系。实际上指标之间的关系构成非常复杂，难以把握。其一，它们不仅是一因一果，还有可能是一因多果、多因多果。其二，因和果之间也不是固定的，甚至可能产生互为因果的关系。这些都造成因果关系的方向混乱和强度模糊。

③维度之间的因果关系。诺雷克里特（Norreklit）认为，平衡计分卡的四个维度之间的作用也并非只有单向关系，还有相互作用的相互关系。例如，顾客满意与公司形象之间、内部流程和顾客价值之间都有这种现象。他们之间的关系不仅是因果关系，更像是相互依赖和相互作用的关系。

这些指责都是基于诺雷克里特（Norreklit）采用的标准是休谟的因果关系，要求因果关系发生的概率是100%，而卡普兰（Kaplan）的平衡计分卡的因果关系是基于概率论的因果逻辑关系，根本不需要100%。此外，卡普兰（Kaplan）认为平衡计分卡的内在驱动关系表现为：一是客户满意度、员工满意度、内部流程改进是企业长期经营业绩的驱动因素。二是内部流程层面的改进是企业外部市场业绩的驱动因素。三是驱动因素保证了财务指标和非财务指标、长期业绩与短期业绩的平衡。而驱动关系和因果关系具有密切的联系，它们共同构成了平衡计分卡的因果概念。

2. 业绩驱动因素

平衡计分卡的指标体系包括成果指标和领先指标。成果指标反映战略的目的，如利润率、市场份额等；领先指标反映企业战略的独特性，即业绩驱动原因。只有成果指标而没有领先指标，就无法显示成果获得的过程。只有领先指标而没有成果指标，企业的短期改进是见效的，但无法揭示这种改进对战略经营的最终结果——财务业绩有何帮助，平衡计分卡对成果指标和领先指标的统一，是对企业战略实施原因和结果、方向和路径的统一。

3. 与财务指标挂钩

企业的战略制定后，如果把精力集中在质量、客户满意度等目标上，把它们当作终极目标，往往不能真正改善业绩。平衡计分卡与财务指标相挂钩，一是将诸多因素的作用方向和目的指向财务业绩，不会迷失方向和分散精力。二是平衡计分卡的四个层面的指标均构成员工薪酬的基础，既可以将个人的事业成就与公司的战略挂钩，也促进了员工的平衡综合发展。

四、以战略地图为导向的战略实施路径

卡普兰（Kaplan）认为战略管理的理念是：你无法表述的，就无法衡量；你无法衡量的，就无法管理。战略的成功执行需要三个要素："突破性成果＝描述战略＋衡量战略＋管理战略"，即"突破性成果＝战略地图＋平衡计分卡＋战略中心型组织"。

平衡计分卡设立的四个层面的指标，并不是孤立的指标，卡普兰（Kaplan）用可视化的方法即战略地图来描述战略要素及其相互关系。战略地图建立在下列几项原则之上：

（1）战略平衡各种力量的矛盾，例如投资无形资产对公司长期收益有帮助，实现短期财务业绩又要求削减各项成本，两者是相互冲突的。战略地图的描述就是平衡短期财务指标（削减成本）和长期目标（营利收入的增长）。

（2）以差异化的客户价值主张为基础，例如对客户的价值主张与企业战略的选择关系（包括总成本最低、产品领先、全面客户解决方案、系统锁定四种战略选择）。

（3）价值通过内部业务流程来创造。例如通过运营管理（生产并向客户提供产品或服务）、客户管理（建立并利用客户关系）、创新（开发新产品、服务、流程和关系）以及法规与社会（遵章守法，满足社会的期望）来传递差异化的价值。

（4）战略包括并存的、相互补充的主题。这是指每一层面内部的指标中都有数个战略主题包含在内，而非单一的因果作用关系。

（5）战略的协调一致决定了无形资产的价值。其中战略工作组群的人力资本能力与战略主题高度协调一致。信息资本提供至关重要的基础设施和战

略 IT 应用，协助人力资本在其战略主题中创造卓越业绩，文化、领导力、协调一致和团队工作加强了战略执行所要求的组织气氛的变革。

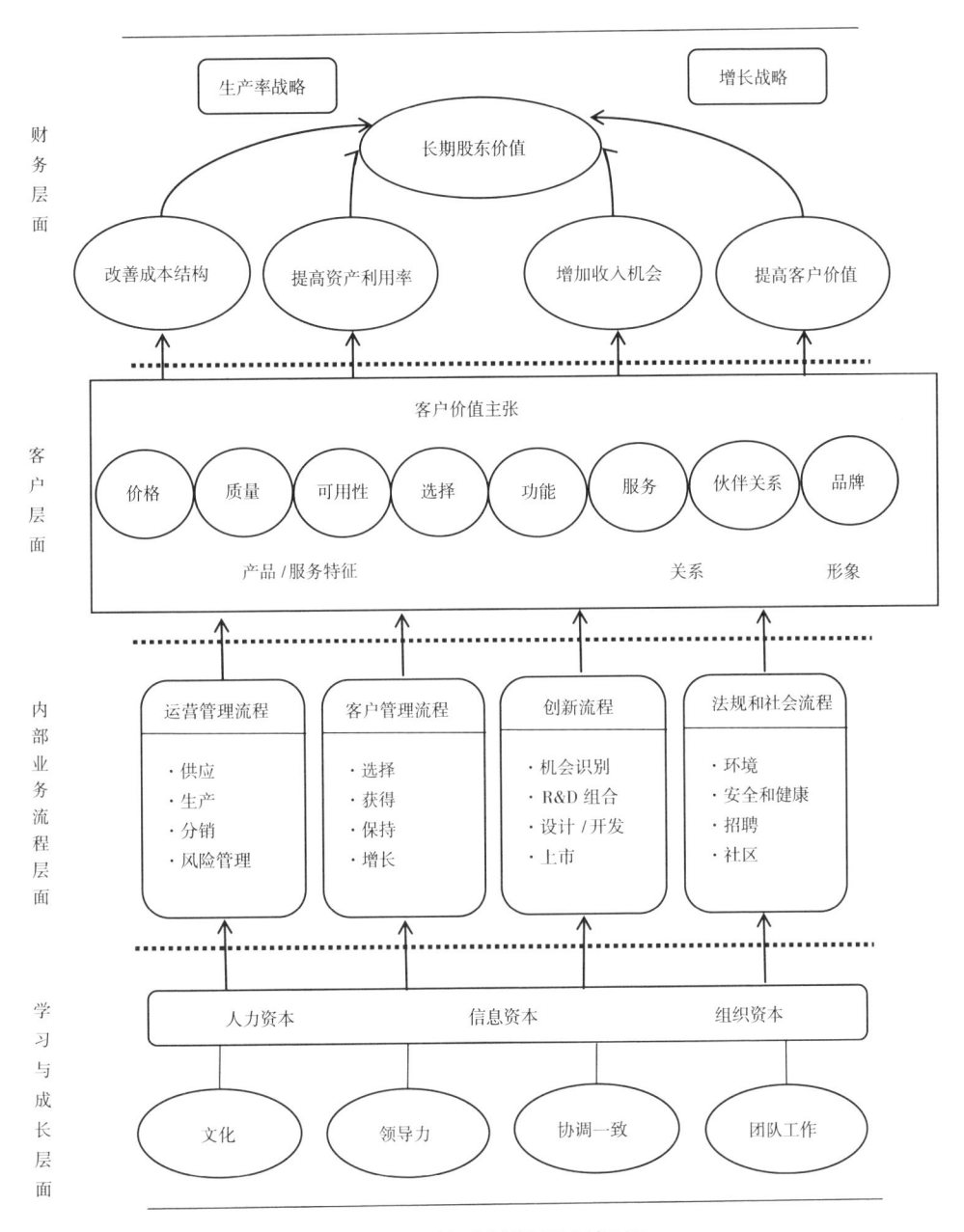

图 2-4 战略地图通用框架

五、平衡计分卡与激励挂钩

在战略实施过程中，作为最大的被管理者，员工的重要性不言而喻。以往战略绩效实施的失败，原因之一是企业战略得不到员工的理解和支持。平衡计分卡设立的指标体系，充分考虑到员工的利益需求，并将对企业战略的考评与员工的激励相挂钩，增加了员工对企业战略各重要驱动要素的关注，深入了解公司的战略管理目标和方法体系，并明确自己在其中的地位和作用。

六、平衡计分卡的实施

一般认为，适用平衡计分卡的企业有以下特征：其一是有比较完善的基础管理体系；其二是外部环境竞争激烈，企业需要寻求发展和提升；其三是企业希望通过战略来实现自己的使命和愿景；其四是企业具有协商或民主式的管理体制。

笔者考察了DS律师事务所的发展现状和趋向、组织形式及决策程序、外部环境和内部物质储备，认为平衡计分卡是适合在DS律师事务所推行的技术方法。

笔者认为DS律师事务所采用的战略是基于资源整合的竞争优势战略，而战略实践的人员要素落实在合伙人上。因此，DS律师事务所应采取平衡计分卡对合伙人进行绩效考评，并将其考评结果与利益分配相挂钩，使合伙人个人的事业发展与律师事务所的整体战略一致。合伙人无论是为了自己的物质利益还是自我价值的实现，都会贡献自己的资源，落实律师事务所的战略安排，形成律师事务所的集合力，实现律师事务所的长远战略目标。

律师事务所不同于普通传统企业，它的关键性资源是由人力资源和客户关系构成的，所以仅从财务角度探讨合伙制治理结构对绩效的影响是不够的。合伙制对绩效的影响涉及多个方面，律师事务所长远的发展也应关注客户的变化、内部服务范围的扩展以及资源的利用，所以平衡计分卡也同样适合探讨合伙制治理结构对绩效的影响作用。前文分析合伙制治理结构带来的监管的增加，有利于律师事务所保持较好的声誉，从而实现客户和收益的增加。但是律师事务所合伙人无法从绩效结果得知声誉带来的收益，平衡计分卡的客户维度帮助合伙人解决了这个难题。合伙人可以将平衡计分卡作为绩效考核体系，通过平衡计分卡的客户维度的变化分析声誉对律师事务所绩效的影响。杨世信（2018）等人已经证明合伙制的组织形式安排对事务所的综合效率和资源利用效率有正向影响作用，合伙人可以通过平衡计分卡的内部流程维度评价合伙制带来的影响。所以，绩效考核体系能够帮助合伙人多方面多角度观察企业，清楚知道企业存在的不足和问题以便改进。此外，因为客户关系是合伙人的重要资源，他们都会选择将客户抓在手里，各合伙人也基本不会互相共享资源，这就出现了合伙人"各自为政"的情况，合伙人只关注自己团队成员的发展，只关注员工的盈利能力，忽视了整个律师事务所的发展和员工的多方面成长。通过平衡计分卡，合伙人可以看到整个律师事务所在各个指标中的表现，确定组织存在的不足，明确各团队的发展要融入律师事务所中去才会有"1+1>2"的效果，所以合伙人会更加注重律师事务所在拓客能力、服务质量以及员工素质等方面的提高。

平衡计分卡为企业搭建了战略执行框架，设定了各指标的目标值，帮助企业的每位员工都清楚地知道公司未来的目标是什么，公司打算如何实现这个目标，再把其中的指标和目标分解到部门和个人，让员工清楚知道自己的职责和目标，这属于一种特殊的发展式考核行为——目标设定。发展式考核将个人的绩效目标与团队绩效目标的关系通过平衡计分卡更明确地阐释，从而使每个员工都向着共同的团队绩效目标努力，对促进员工合作，形成正向的人际互动和提高团队绩效有促进作用。所以律师事务所开展以平衡计分卡为核心的绩效考核有助于律师们开展合作以取得更好的绩效。

综上所述，绩效考核体系可以在战略与企业绩效之间以及合伙制治理结构与企业绩效之间起到中介作用。

第五节 绩　　效

一、绩效的定义

管理学界对绩效的定义同样是种类繁多的，考其分类，主要有以下四种：

（1）结果观。凯恩（Kane）认为绩效是工作活动所取得的结果，是组织和个人取得成就的记录。类似表达绩效的概念有：目标、目的、职责、责任、任务和事务。

（2）行为观。墨菲（Murphy）认为绩效是"与一个人在其工作的组织或组织单元的目标有关的一组行为"。行为观认为结果会受到系统因素的影响，所以认定绩效是工作过程和工作行为的表现。

（3）综合观。这一观点认为绩效包括行为和结果两大要素，既要考察工作的过程，也要考评行为的结果。

（4）未来观。这一观点认为绩效不应是对历史的记录，而是员工潜能与组织绩效间的共同发展。

本书主张综合观的绩效定义。因为结果观容易出现短期行为，且无法体现为达到目的而作出的努力。这个道理，如同对企业的考评从原来只限于财务指标一样。当然，绩效分个人绩效和组织绩效，本书讨论的是个人绩效。以往的个人绩效考评对象基本限定为被管理者——员工，但本书将个人绩效的考察对象转向合伙人，主要因为律师事务所的合伙人既是投资者，也是重要的劳动者，他的利益并非来自投资，更多是来自其自身的劳动。

二、战略性绩效的管理

以往的研究主要有两种倾向：其一是组织倾向，认为绩效管理是管理组织绩效，其目的是实施企业战略，创造竞争优势。其二是个体倾向，认为绩效管理的对象是员工，是指导和衡量员工工作的方法。当前的研究倾向是强调上述两者的整合，认为绩效管理是为了提高员工和全体的绩效，最终目的是提升组织绩效。

战略性绩效管理是针对企业战略的实施过程和结果采取一定的考核评价，并给予相应激励机制的管理制度，它主要包括两个方面：其一是根据企业战略来建立绩效管理体系。其二是根据相关绩效管理制度，对经营团队或责任人进行绩效评价，并根据评价结果对其进行价值分配。

本书认为，对律师事务所合伙人进行绩效考评就是律师事务所的战略性绩效管理的核心内容，是根据律师事务所的战略及其实施，采用平衡计分卡的管理方法，对律师事务所主要的经营团队或负责人（他们均指向合伙人）进行绩效管理，并以此进行价值分配。

三、绩效评价的原则

对于绩效评价，应当采取以下原则：

1. 经济与非经济评价结合

以财务指标为主的评价体系具有极大的局限性，既没有反映企业的经营环境，也没有反映业绩的取得过程。无论是平衡计分卡还是绩效棱镜，都很重视非财务指标，如学习成长层面的指标。

2. 方向与效率结合

评价绩效的指标可以分为衡量"做正确的事"的指标和衡量"正确地做事"的指标。前者是企业的战略在人力资源管理中的运用，其目的是使组织更具竞争优势，是方向性指标。后者则是效率性指标，从另一方面来说，效率性指标就是培养个体（集体）的核心能力，是达到方向性指标的理由和根源。

3. 战略与文化评价结合

这是因为企业的价值观和文化对组织的成功至关重要并且必须和企业战略一致。

本书认为，现有对律师事务所合伙人的绩效考评基本上都是以财务指标（业务收入）为核心，没有考虑到上述三项评价原则，只有平衡计分卡，才能以律师事务所的战略为核心，将经济与非经济、方向与效率、战略与文化较好地结合在一起，最终实现律师事务所的战略性绩效管理。

第六节　激　　励

一、激励概述

激励就是为了特定的目的，通过各种有效的手段影响人们的内在需要或动机，从而强化、引导或干预人们行为的过程。所谓需要，是指人的某种心理或心理的因素因缺乏而产生的不平衡心理状态。所谓动机，是指人由于需要无法满足产生的心理上的不安和紧张状态。这种状态会导致某种行为的发生。所以，激励就是激发人的行为的心理过程。

激励是实现组织目标的重要方法，是企业提升人才市场竞争能力的重要工具，它可以提高员工的素质和工作效率，最终提高组织绩效。

激励从内容上可分为物质激励和精神激励。前者是对员工的物质需求予以满足，如奖金；后者是对员工的精神需求予以满足，如表扬等。本书只讨论物质激励，准确地说是指将合伙人的利益分配纳入激励范畴。

二、激励的相关管理学理论

1. 需求激励理论

（1）需求层次理论

需求层次理论（Hierarchy of Needs Theory），是美国心理学家马斯洛提出的。该理论认为人类的需求有五个层次：生理需求、安全需求、社交需求、尊重需求和自我实现需求。生理需求是人类维持自身生存的最基本需求，包括衣、食、住、行、性等各种身体需要。安全需求是人类对安全的生理和心理需求，或不受威胁的需要。社交需求是人类希望被周围人接受、享有友谊、归属组织等需求。尊重需求是人类需要得到他人的注意、肯定、欣赏和建立良好的自我形象。自我实现需求是指实现个人理想、充分发挥潜力，成为期待和理想中的人。

马斯洛认为，人类的五种需求如同阶梯，按层次逐级递升。当某一层次需求被满足时，获得满足的需求不再具有激励力量。人类的激励力量将由更高层次的需求产生。在同一时期，一个人可以有多重需求，但其中总有一种需求占主要地位。

（2）ERG 理论

ERG 理论（Existence-Relatedness-Growth Theory）是阿尔德弗（Alderfer P Clayton）提出的，该理论将人类的需求分为三种：生存（Existence）需求、关系（Relatedness）需求和成长（Growth）需求。生存需求是第一层次的较低等级需求，关系需求是第二层次的需求，成长需求是较高等级的第三层次需求。ERG 理论认为在特定时间内某种需求会起作用，当它得到满足时，人们可能去追求更高层次的需求，当较高层次的需求不能得到满足时，不仅会促使人们去追求该层次的需求，也会使人退而求其次地追求低一层次的需求。某种需求得到满足后，其强烈程度不仅不会减弱，还可能增高。ERG 理论的最大进步是比马斯洛的理论少了很多限定，更适用于解释和把握组织行为的特征和规律。对于组织激励实践有更强的针对性和指导意义。

（3）双因素理论

双因素理论（Two-Fator Theory）是弗雷德里克·赫茨伯格（Fredriclc Herzberg）提出的。他认为"满意"的对立面不是人们所说的"不满意"，而是"没有满意"，相应地，"不满意"的对立面是"没有不满意"。使员工产生满意或好感的因素都是属于工作本身或工作内容，称为激励因素（Motivation Factors），主要包括：工作中的信任、认可和赞赏，工作成就感，工作本身的有趣性和挑战性，工作发展前途，个人成长和晋升机会。激励因素可以调动人的积极性。产生不满或厌恶的因素都属于工作环境或条件，称为保健因素（Hygienc Factors），主要包括行政管理、组织内部人际关系、工作环境和条件、薪酬、工作安全感等。保健因素不能直接激励员工，但可以防止和消除员工的不满情绪。实证研究表明，在所有导致工作不满意（消极的工作态度）的因素中，69%是保健因素，31%是激励因素；所有导致工作满意（积极的工作态度）的因素中，81%是激励因素，19%是保健因素。因此，对于保健因素不能无限度满足，更多应该加大激励因素，才能使员工积极工作。另外，应将保健因素尽可能转化为激励因素，扩大激励的范围。

（4）成就需要理论

成就需要理论（Achievement Theory）是麦克利兰（McClelland）提出的，他指出人类的需要分权力的需要、合群的需要和成就的需要三种。成就需要就是"个人在做事时与自己所持有的良好或优秀标准相竞争的冲动或欲望"，这是由求成需要和避败需要两种相反的心理要素共同作用产生的，权力需要包括针对组织利益的制度性权力需要和针对自己利益的个人性权力需要。合群需要是指人们渴望合作、友谊和回避人际矛盾与冲突。不同的人对这三种需要的排列顺序和比重是不一样的，成就需要强烈的人，往往具有内在的工作动机，成就需要不是天生存在的，可以通过教育和培训来激发人类的成就需要。

需求激励理论要求我们在管理中厘清人们的各种需求，创造各种激励手段，正方向地激励人们认真工作。

2. 期望激励理论

期望激励理论是弗鲁姆（Victor Vroom）提出的。该理论把激励的研究由客观过程转向主观，提出了激励力量的概念，激励力量=行为成果渴望程度×期望概率。该理论认为：人类行为的强度由他对结果的期望程度以及结果对他的吸引力所决定。换言之，员工相信自己的努力会带来良好绩效评价，良好的绩效评价又带来组织奖励，并且这种奖励可以满足员工的需求。所以，期望激励理论注重三种关系。

(1) 努力与绩效的关系。个体认为通过其努力可以达到某种绩效水平。例如,销售人员感到通过他的努力可以达到公司规定的销售指标。

(2) 绩效与奖励的关系。个体认为一定绩效水平会获得组织的奖励。例如,金钱奖励或个人晋升。

(3) 奖励与个人目标的关系。这是指组织的奖励符合个体的期待目标。

以上三种关系的相关度越高,激励的程度和效果越高,从而激发员工的工作积极性。

波特和劳勒(Lyman W. Porter & Edward E. Lawler, 1968)在期望理论的基础上,增加了四种影响因素:个人能力与素质、对工作的认识、对组织期望意图的理解、对报酬公平的感知。并且设计了两条反馈线路:其一是满意度通过奖酬的价值观对努力的反馈。其二是绩效通过努力导致奖励的可能性对努力的反馈。由此构建了波特—劳勒模型。该模型更加系统完整地描述了期望激励模型,如图2-5所示:

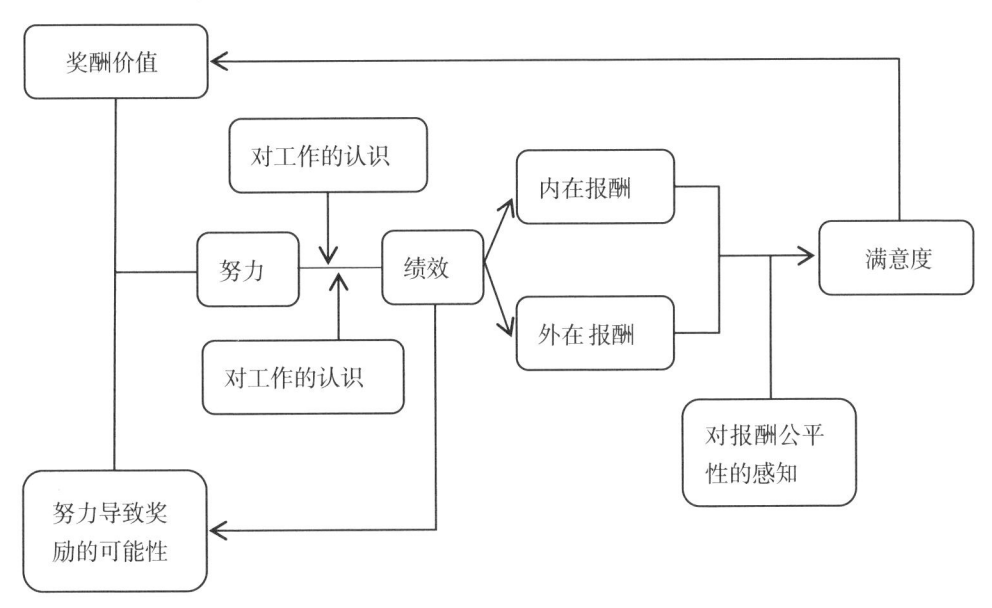

图2-5 波特—劳勒模型

期望激励理论延续了需求层次理论,要求管理者首先清楚员工的需求(期望目标),然后设计出企业能够提供的与员工需求高度吻合的奖励体系,并对应给出员工为获得奖励所要达到的绩效水平（这个水平必须是员工经过努力可以达到的），这样才能对员工产生激励的动力。

3. 公平理论

这里所谈到的公平理论针对的对象是组织，即组织公平，就是在组织中人们的公平感受。根据研究的角度不同，表现如下：

（1）分配公平（Distributive Justice）

管理学对公平的研究是亚当斯（Adams）（1965）从社会交换理论的框架下开展的。他认为人们判断是否公平既要看收入的绝对数量，也要与参考对象相比较。但亚当斯（Adams）讨论的核心是报酬分配的公平性，是从结果的角度讨论的，故被称为"分配公平"。当员工感到公平时，所得结果会产生正向的激励；当他感到不公平时，产生的是反向的负面激励。员工会调整他们自身或参照对象或转出工作，以改变不公平状态。[格林伯格（Greenberg），1984]

（2）程序公平（Procedural Justice）

程序公平是蒂鲍特（Thibaut）和瓦尔克（Walker）（1975）从法律诉讼程序的公平问题中引申出来的。认为只要程序是公平的，不令人满意的结果也能令人接受。学者们指出，过程控制（Process Control）和决策控制（Decision Control）对员工的公平感都有影响。如果员工有过程控制权，他是可以放弃决策控制权的。莱文塔尔（Leventhal）（1980）对程序公正提出了六个标准：①一致性原则（Consistency Rule），指不同的对象和不同的时间对分配不应有影响；②避免偏见原则（Bias Suppression Rule），指分配中不能有个人的偏见和私利；③准确性原则（Accuracy Rule），指分配所依据的信息必须是准确的；④可修正原则（Correct Ability Rule），即分配的结果可以修改；⑤代表性原则（Representative Rule），指分配程序能够代表各有关人员的利益；⑥道德伦理原则（Moral and Ethical Rule），指分配程序应该符合合理的道德和伦理标准。

（3）互动公平（Interactional Justice）

互动公平理论是比斯和莫格（Bies & Moag）（1986）提出的，它是从执行角度来讨论公平问题的。主要是关注员工在程序执行中所受到的人际对待是否公平。换言之，也就是决策者在执行中与员工的互动过程中体现出来的公平。互动公平理论受到极大的质疑，反对的观点主要是认为互动公平已经体现在程序公平中，没有独立的必要。比斯（Bies）（2001）反驳指出：程序公平关注的是结果的公平，互动公平关注的是人的方面。二者可以相互替代地影响员工，但它们在不同的效果方面具有各自的独特性，因此应该予以区别。

（4）人际公平与信息公平（Interpersonal Justice & Information Justice）

格林伯格（Greenberg）（1993）认为，互动公平可以分为两种：一种是人际公平，指在决策时，决策者对被管理者的态度以及尊重；二是信息公平，指决策者是否给被管理者一定的解释。

关于组织公平的上述四个观点得到一些实证研究的支持。

公平感对于管理的影响十分广泛，就组织公平而言，有关公平感的研究涉及：①对结果的态度，如对绩效评估、薪酬的满意度；②工作满意度；③工作绩效；④信任；⑤组织承诺，指员工对组织的认同和归属感；⑥消极反应，如员工对组织的报复；⑦退缩，如缺勤、离职、工作疏忽等行为；⑧对领导的评价；等等。

公平激励理论要求律师事务所对合伙人的绩效考核的指标及其权重，必须全面、系统、准确地反映各合伙人的资源构成，并聚焦于律师事务所的共同愿景和目标，并且考核的过程、结果以及相关的利益分配，都要处处体现出公平的精神，这样才能形成合伙人合力，创造律师事务所的持续战略竞争优势，并培育团结和睦的企业文化，最后形成"力出一孔，利出一孔"的和谐局面。

第三章

律师事务所治理的实践探索

本书采用以案例为主导的混合研究方法，整个研究逻辑是归纳法。即通过收集律师行业的合伙制组织形式、合伙意愿、战略管理和实施、合伙制绩效考评体系、个体学习能力和集体学习能力等相关文献，在律师事务所行业内选择业绩突出、商誉优秀的 DS 律师事务所为案例研究对象，辅以行业内 16 家律师事务所的访谈数据，展开针对第一章提出的四个研究问题分析。其中 DS 律师事务所数据的收集包括脱密的历史文档资料、第一合伙人（本书作者）的经验判断、DS 律师事务所所有律师的问卷调查数据分析，对合伙人制度、公司战略管理、平衡计分卡、学习型组织各项与律师事务所绩效之间的因果关系进行分析研究，最终得出若干研究命题。

第一节 案例选择理由及公司概况

一、案例选择理由

什么是案例研究？普拉特（Platt，1992）将案例研究定义为一整套研究设计的逻辑。其包括两个方面：第一，这套逻辑意味着案例研究是一种实证研究方法，该方法往往在不脱离现实情境的前提下对正在进行中的现象进行研究，往往用于处理研究对象与其所处情境之间界限不清或不可分割时的情况；第二，这套逻辑意味着案例研究需要遵循特定的研究过程和技术环节（比如特定的资料收集技术、资料分析技术以及三角检证的原则等）。

本书选择案例研究的方法是因为案例研究有利于了解事件之间的互动，并有利于全面地了解现象，从而比较适合回答本书提出的"如何""什么"等探索性的研究问题。

学界对案例研究的分类有些许差异。根据研究目标的不同，艾森哈特（Eisenhardt，1989）将案例研究分为提供描述的案例研究、构建理论的案例研究以及检验理论的案例研究。陈晓萍、徐淑英和樊景立（2008）将其分为描述性（Descriptive）案例研究、探索性（Exploratory）案例研究以及解释性（Casual）案例研究。根据案例数量的不同，学界将案例研究分为单案例研究和多案例研究。当研究问题涉及"怎么样"和"为什么"的时候，可以采用案例研究方法。艾森哈特（Eisenhardt，2007）和格雷布纳（Graebner，2016）建议在进行案例研究前，应说明采用案例研究的正当性。就本研究来说，采用案例研究的正当性源于以下几个方面：

1. 研究范式

从研究范式来看，案例研究法适合情境研究。案例研究法是进行情境研究最常用的研究方法。情境研究的对象往往呈现高复杂性、高动态性和非线性化的特点，而案例研究的优势正好与之相匹配：案例研究的焦点就在于"理解某种单一情境下的动态过程"，能够把握现象的丰富性（Richness），对现象进行深入厚实的描述（Thick Description）。

2. 研究问题

从研究问题来看，案例研究法适合研究中国情境下的问题。本书的研究对象是一个在中国情境中成长起来的律师事务所，针对其展开"中国本土管理研究"，构建"中国式管理理论"，已经越来越引起中外学者的重视。其合伙制治理结构既有西方的理论基础，又有中国特殊的本土化问题，而案例研究正是突出本土情境的一种研究方法。

3. 研究目的

从研究目的来看，归纳逻辑的案例研究法适合构建理论和完善理论。理论构建是管理研究的核心活动，而案例研究的一个重要优势就在于它具有良好的构建理论的潜质，这与本研究旨在完善理论模型的研究目的是相一致的。

4. 研究质量

从研究质量来看，案例研究法有助于提升研究质量。一个好的学术研究应该有趣且实用，而案例研究常被认为是"最有趣的研究"，并且由于其贴近现实而具有实用价值。

选择DS律师事务所的原因在于其已成为某一线城市最具影响力的律师事

务所之一，它的成长路线以及目前遇到的发展瓶颈具有一定的代表性，对其合伙制治理结构与绩效关系的分析，可以对其他律师事务所提高绩效具有指导和借鉴意义。DS 律师事务所合伙人目前正期望通过建立绩效考核体系、实施战略管理以及建立学习型组织等途径提高律师事务所的绩效。所以通过对该律师事务所员工的问卷调查可以得到员工对合伙人推行合伙制治理结构、绩效考核和战略管理的看法以及实施效果。

二、案例公司概况

DS 律师事务所成立于 2001 年 1 月，经过 20 多年的发展，已成长为一家集团化的律师事务所，在广州、北京、珠海、武汉、长沙等地均设立了工作机构，执业律师全部毕业于国内外著名高等学府，具有丰富的法律实践经验。根据专业分工和协作要求，DS 律师事务所设置了涉及公司与商业事务、政府与公共业务、银行与金融市场业务、证券与资本市场业务、建设工程与基础设施业务、知识产权业务、酒店与旅游开发业务、"一带一路"与国际业务、诉讼与争议解决等专业法律部门。DS 律师以严密审慎、勤勉尽责、正直守信、优质高效的执业理念为国内外当事人提供深层次、全方位的法律服务。

DS 律师事务所执业律师合计 136 人，其中男性 74 人，女性 62 人，男女性别比例接近。截至 2020 年 8 月 31 日，还有实习律师 31 人，财务人员 4 人，后勤人员 5 人。2017 年至 2019 年三年的平均离职率为 1.9%，表明公司的人力资源管理绩效较高。在 136 位执业律师中，拥有博士学历的有 7 人、硕士学历的有 53 人、本科学历的有 76 人，显示整个律师事务所的律师队伍学历结构较合理，都是接受了高等教育的律师。从执业年限看，新执业的有 5 人，执业年限在 10 年以内的有 86 人，拥有 10 年以上执业年限的有 45 人，平均执业年限为 11.5 年。这些数据呈现出 DS 律师事务所人员在律师队伍中的实力。

DS 律师事务所采用合伙制治理结构，现有合伙人 38 人，其中博士有 3 人，男性 27 人，女性 11 人，平均年龄为 45 岁，最年轻的 36 岁，最年长的 58 岁，平均执业年限为 16 年，执业经验非常丰富。

三、企业合伙制现状和管理瓶颈

虽然 DS 律师事务所已经是所在地区排名前列的律师事务所之一，但是 DS 律师事务所合伙人感受到随着一家家律师事务所的建立、国内外大型律师事务所的不断扩张，DS 律师事务所营收的增长渐渐趋于平缓，遇到了一系列问题，这些问题已经影响到律师事务所的发展。

第一，缺乏真正的合伙，没有形成律师事务所的合力。合伙的概念可以概况为：共同出资、共同经营、共担风险、共享利润。但 DS 律师事务所并没有真正做到上述四点要求。（1）从律师事务所角度看，它无法有效地将合伙人的资源吸收为组织的共同资源，更加不可能创造自身拥有的新资源。就是说，DS 律师事务所在资源方面存在合伙人与事务所的隔阂。因此，合伙人的变更（如退休、死亡、退伙等）就会造成律师事务所的损失，而且这种损失将随着该合伙人的重要性呈增长态势。（2）现有的合伙人基本是各自组织团队开展执业活动，即使有团队间的合作，也往往局限于个案之间或团队之间，并没有产生全所的系统化、深入化以及全面化的合作。各合伙人之间的理念和方法不同，使合伙人之间难以产生"1+1>2"的合力。相反，可能因为冲突和内耗，造成"1+1<2"的局面。（3）现在合伙人共担风险是一种结果限制，他们一方面按协议约定分摊成本，另一方面按照法律的要求互相之间承担无限连带责任。合伙人之间没有在执业活动中做到共同执业，又要求他们共同解决执业中的各项问题和承担由此带来的风险，这就造成了合伙人之间权利义务不对等的情况。（4）合伙人基本上是在各自创收的基础上，减除应承担的成本费用，然后各自自主分配利润。这就没有做到共享利润，直接后果是造成律师事务所的积累不足，律师事务所规模发展受到制约。

第二，缺乏律师事务所的共同使命和愿景，对律师事务所的发展缺乏长远规划。虽然 DS 律师事务所的合伙人都秉承追求民主和崇尚科学的理念创办事务所，也立志于将 DS 律师事务所建设成为业内著名的律师事务所，但是随着律师事务所规模的不断扩大，各合伙人都仅关注自身所带团队的发展，对全所的发展缺乏关注，并没有努力实现律师事务所的共同使命和愿景，导致合伙人对 DS 律师事务所的长远发展缺乏规划，仅有短期目标，于律师事务所长远发展不利，会导致陷入小富即安的状态。

第三，专业化方向建设力度不足，造成法律业务专业槽不深，难以应对复杂的市场竞争需求，也容易造成律师之间因为抢夺案源产生冲突和恶性竞争行为。DS 律师事务所是一个综合律师事务所，目标是实现内部专业分工，成长为一个在各种法律业务领域都拥有更加专业的执业律师的律师事务所。因为业务宽泛的律师必然会造成其业务深度不足，所以每个律师都应该有专攻的法律业务方向。但是随着 DS 律师事务所规模的不断扩大，内部并没有实现专业分工，反而出现了各律师业务的宽泛、同质化，而且主要集中于法律业务的中低端领域，缺乏专业能力精、高端领域的律师人才，所以律师事务所呈现虚胖、大而不强的状态。

第四，对人力资本的投资不足，造成律师事务所的人才出现阶梯式塌陷。DS 律师事务所的合伙人没有清醒地认识到，人力资本是律师事务所的重要根基之一，它决定了律师事务所资源禀赋优势中的具体内容，也是律师事务所价值创造的根基。DS 律师事务所并没有建立新进助手业务培训和师徒之间的传帮带等工作的标准程序和内容，由此造成 DS 律师事务所的后进律师（包括二级合伙人与律师助理）与权益合伙人的素质存在较大差距，造成 DS 律师事务所人才储备出现断层式塌陷，难以维持律师事务所长远发展的人才需求。

综上所述，DS 律师事务所的合伙制是非常松散的治理模式，各合伙人处于强势地位，律师事务所的发展受制于合伙人；而且各合伙人相对独立，合伙人之间和团队之间并没有长久、全面的合作，所以律师事务所中的资源无法实现整合；合伙人只对自己的团队负责，对律师事务所的发展缺少规划，导致律师事务所内部业务同质化严重，阻碍其成长为一流的综合律师事务所。本书认为问题的根源在于"粗放式"、松散的管理模式已经不再适应 DS 律师事务所的成长发展需求，DS 律师事务所需要科学的管理方法对合伙人施行更有效的管理，本书提出通过建立绩效考核体系、实施战略管理以及建立学习型组织等途径提高律师事务所的绩效。

第二节　数据收集及数据特征

除了中国知网等数据库文献资料和 DS 律师事务所的历史档案资料，本书研究的第一手数据来源于两部分：

第一，访谈数据。2019 年 9 月至 2019 年 12 月，选取了与案例公司 DS 位于同一个一线城市的 16 家律师事务所作为行业内访谈对象。获得了不同规模、不同知名度的 16 家律师事务所 18 位合伙人的支持，同意接受深度访谈，从而收集了深度访谈数据资料。

本次访谈的 16 家律师事务所皆为合伙所，除 1 家律师事务所的业务以非诉讼业务为主，其他 15 家律师事务所皆是以诉讼业务为主。各家律师事务所的规模也不同，其中最大的律师事务所共拥有 600 位律师，包括 100 位合伙人；最小的律师事务所只有 10 位律师，其中 3 位为合伙人。在注册资本方面，有 11 家律师事务所的注册资本为 10 万—50 万元，占比 75%，有 3 家律师事务所注册资本为 50 万—100 万元，占比 18.75%，其余 2 家律师事务所的注册资本分别位于 100 万元以上和 100 万—500 万元区间。各律师事务所每年的营业额多集中于 500 万—3000 万元和 10000 万元以上区间，分别占比为 50% 和 31.25%。

一般来说，访谈法主要是通过收集和分析受访者自身对某一特定主题的看法，来深入理解这个主题。访谈过程中获得的信息可以为理论框架的相关关系提供解释机制，后续的统计分析也可以建立在对关系的深入理解基础之上。因为一线城市经济发达，律师行业也相对繁荣，律师事务所的管理理念先进，通过对其中一部分律师事务所的归纳分析可以对其他律师事务所的治理产生借鉴作用。

所以，每一位接受访谈的其他律师事务所合伙人，事先都会收到访谈提纲，访谈提纲见附录 A，围绕第一章的四个研究问题，询问受访者的认知。

访谈时间一般为 30—40 分钟，有的受访对象善于沟通且时间充裕，访谈时间为 1 小时左右。通过深度访谈，可以了解到各家律师事务所的合伙制治理、战略管理和绩效考核现状，站在律师事务所合伙人（管理者）角度分析上述自变量与律师事务所绩效的关系。

第二，问卷调查数据。有关问卷题项的设计，因无法找到针对律师事务所的有效量表，所以参考了李超平等（2016）主编的《管理研究量表手册》一书中的量表。针对律师事务所的现状，围绕"合伙人制度感知""合伙人意愿""公司合伙制绩效考核体系""组织学习能力""个体学习能力"五个可以采用量表衡量的关键变量，所设计的题项数目不变，修改了一些中文表达。至于"公司战略"与"公司绩效"两个构念，属于公司合伙人掌握的信息，无法采用量表衡量，因此不在问卷出现。问卷的详细题项见附录 B。

2020 年 4 月，在 DS 律师事务所内向所有律师（包括合伙人）发放 70 份问卷，共收回 61 份有效问卷，有效率为 87%。通过对数据的综合运用，从合伙人视角和普通员工的视角探讨合伙制治理、战略管理、组织学习、绩效考核体系对绩效的影响。

填写问卷的员工男性有 22 人，占比 36.1%，女性有 39 人，占比 63.9%，他们在公司工作的年限平均为 4 年，标准差为 3.728，最长的工作年限为 20 年，最短的 1 年。问卷中的各个变量之间的相关系数如表 3-1 所示。

表 3-1　性别、在公司工作年限、5 个变量之间的相关系数表

	M	SD	1	2	3	4	5	6	7
1. 性别	1.64	0.48	—						
2. 在公司工作年限	4.00	3.73	-.065	—					
3. 合伙制治理认知	3.67	0.88	.29*	.055	(0.873)				
4. 合伙意愿	3.58	0.83	.21	.116	.76**	(0.628)			
5. 合伙制绩效考核体系	3.38	0.50	.19	.268*	.46**	.45**	(0.793)		
6. 组织学习能力	3.78	1.07	.19	-.011	.67**	.69**	.51**	(0.951)	
7. 个体学习能力	3.77	0.98	.17	-.170	.53**	.56**	.51**	.63**	(0.964)

备注：男性=1，女性=2，*、** 分别代表显著性水平为 0.05 和 0.01（双尾），括号数据为α值。

标准差（Standard Deviation，SD），在概率统计中最常使用作为统计分布程度上的测量。标准差定义是总体各单位标准值与其平均数离差平方的算术平均数的平方根。它反映组内个体间的离散程度。

从表 3-1 相关系数表中的数据看出，DS 律师事务所的员工普遍接受合伙制治理结构，均值有 3.67（SD = 0.88），并且与合伙人意愿高度相关（相关系数 = 0.76），也与大家对"组织学习能力"的评价高度相关（相关系数 = 0.67），从而说明合作制的认可度。此外，"组织学习能力"和"个体学习能力"的相关性也较强（相关系数 = 0.63），从某种程度分析，一个组织的学习能力会带动员工个体的学习能力增强，从而表明 DS 律师事务所的持续竞争力得以保持。

关于数据分析，在第四章中，案例分析将围绕四个研究问题展开，每一个问题分析都结合了访谈收集到的质性数据和问卷收集到的量化数据，加上公司的历史档案数据，综合在一起进行。其中质性数据，采用了最简单的归纳分析，把访谈收集的数据、公司内部档案的历史数据，进行一般的归纳分析和频数/频率统计分析。

问卷数据，则运用了 SPSS 统计分析，进行了频数、频率、均值、方差分析，部分数据使用了相关分析方法。

无论是访谈数据还是问卷数据，最关键的分析方法还是经验判断。由于本书作者是 DS 律师事务所的创建人之一，加上业内 20 多年的经验，在分析访谈数据和问卷数据时，专业和工作经验起到很大的支持。

第四章

律师事务所的合伙人治理的实践研究

第一节　合伙人的入伙

合伙身份的产生，大致有以下方式：第一，通过签订合伙协议成为创始合伙人。第二，加入已经存在的合伙组织成为新晋合伙人。第三，通过合伙组织之间的兼并而成为新合伙组织的合伙人。本书主要讨论第二种方式。《合伙企业法》第四十三条第一款对于新合伙人的入伙规定如下："除合伙协议另有约定外，应当经全体合伙人一致同意，并依法订立书面入伙协议。"法律采纳了两个原则：第一是意思自治原则。由原合伙人协商一致，在合伙协议中明确新晋合伙人的相关条件和程序。第二是一致原则。即入伙必须经全体合伙人同意，这样当然就不会损害每一个原合伙人的权益。围绕着合伙人的选拔和晋升，将要讨论三个问题：①为什么要吸收新合伙人？②什么时候吸收新合伙人？③吸收新合伙人的标准是什么？

一、专业人员的执业生命周期

律师事务所的专业人员由合伙人和律师助理组成。合伙人负责寻找客户，组织律师助理完成客户的委托工作；合伙人还要负责指导和培训律师助理的专业技能，使其能够胜任客户服务。所以肯定会存在合伙人与律师助理的杠杆化，每个合伙人都可能面对数名或数十名的律师助理。律师助理的工作重点是高质高效地为客户提供专业服务。总的来说合伙人随着律师事务所的规模发展和年龄变化，参与具体业务的机会将越来越少，从事培训和日常管理的时间将越来越长。

从发展的过程看，律师助理成为合伙人是基本的选择。当律师助理加入律师事务所开始在合伙人的指导下学习各种专业知识和专业技能，在提供给客户的专业服务中得到检验，在与客户的接触中开始自己客户资源的开拓和积累。这个过程，既是律师助理创造自我资源的过程，也是对其不断筛选淘汰的过程。当律师助理的能力优秀、业绩突出时，就会产生晋升为合伙人的需要。所以，律师助理是未来的合伙人。

合伙人的职业生命周期可以分为四个阶段：准备期、发展期、成熟期和衰退期。

（1）准备期。指律师助理从任职到成为合伙人的阶段。律师助理在此阶段的核心工作是吸收和转化资源，在业务学习、培训以及对外服务中，通过学习、模仿和实践，将原合伙人和律师事务所提供的各种资源（包括各种专业技巧和客户关系）转化为自己的个体资源，并构成创造新资源的潜在基础。

（2）发展期。这是合伙人的初级阶段，在这一阶段，新合伙人和老合伙人共同配合并逐渐独立自主地创造新的资源。比较而言，新合伙人的学习能力更强，擅长于创造新的知识和技能。老合伙人的社会资源更加丰富，其工作重点是吸引新的客户。

（3）成熟期。这个阶段的主要特征是合伙人能够完全独立地承接律师事务所的各项工作，这可以是负责对律师事务所的管理工作，可以是负责客户的拓展，也可以是指导律师助理和合伙人共同完成重大的法律事务。在这个工作过程中，合伙人必须能够做到以其为中心，组织调配各种资源完成律师事务所指派的各项任务。

（4）衰退期。随着年龄的增长，合伙人的精力必然发生衰退，心理状态也不能继续维持原来的巅峰状态。他们对工作投入的时间和精神的质量、关注度都开始逐渐减弱。他们更多关注的是对新合伙人和律师助理的指导监督，以及对律师事务所的形象维护。这一阶段的时间从 55 岁左右开始直到退休。

律师的职业生命周期告诉我们晋升合伙人和退伙的必然。对应于 DS 律师事务所，律师助理处于职业生命周期准备阶段，二级合伙人处于职业生命周期的发展阶段，3 名权益合伙人就处于职业生命周期的成熟阶段。

二、合伙人与资源在发展中的错位

DS 律师事务所成立于 2001 年，当时的权益合伙人是 5 人，经过 20 多年的变化，权益合伙人只剩 3 人。DS 律师事务所在成立之初，律师助理只有 20

多人，创收也仅有 800 万元，到当前律师已达 136 人，创收也增长到 1.38 亿元。可见，DS 律师事务所的合伙人与律师助理的人数之比随着业务的扩展而扩展。由于 DS 律师事务所在晋升合伙人方面比较严格，直接的结果是权益合伙人难以应付快速增长的客户需求。所以，DS 律师事务所已经产生合伙人与资源在发展中的错位，律师事务所的发展处于"滞胀"状态。

三、吸收新合伙人的原因

对于合伙组织吸收新合伙人并逐渐替代老合伙人的做法，大致有以下观点：

①乔纳森·莱文（Jonathan Levin，2005）认为，这是原合伙人希望新合伙人能够在他们退休时购买他们的股份。

这种观点受到的指责是实践中基本没有原合伙人在退休时能够通过股权转让获得收益的情形发生。笔者认为，虽然原合伙人在退休时很少以股权转让的方式获得回报，但他们仍然以各种方式获得一定的利益回报，如一次性地获得律师事务所的补偿金或在一定时间内仍然参与律师事务所的利益分配。原合伙人通过时代更迭的模式获得了利益，犹如中国家庭中的养儿防老模式。原合伙人向新合伙人传递资源的最好保障方法是对他们的这种利他行为给予足够的激励，这才是和谐的制度配合。所以这种观点的合理性是指出了晋升合伙人对原合伙人是有益的。

②艾伦·莫里森（Alan D. Morrisun，2004）认为，晋升合伙人是为了分享他们创造的利润。这种观点是建立在新合伙人能够创造新的利润且他们在利润分配中的所得部分低于创造份额的基础上的。这两个条件是不容易达到的，其一，合伙人晋升的主流模式是内部晋升，这种晋升不会产生利润的增加，相反，合伙人的增加减少了原合伙人得到的分配利润。这种情况在某些存在"鞭打快牛"体制的合伙协议中就更明显了。其二，从专业人员的执业生命周期看，新合伙人往往处于发展期，更多的是承接原合伙人的资源，只起到配合的作用，其对合伙组织的利润不会贡献太多。当然，在建立了完善的时代更迭模式下，处于衰退期的合伙人也确实存在分享新合伙人所创利润

的情形。

③罗伯特·W. 希尔曼（Robert. W. Hillman，2002）认为，晋升合伙人是为了留住员工。对于注重合伙人身份的优秀员工，这种观点是成立的；对于不注重合伙人身份的优秀员工，也可以通过大幅度提高薪酬待遇以及委派一定管理职务，对其进行物质和非物质的激励手段留住人。所以这种观点的说服力不大。

④葛徐（2013）认为，晋升新合伙人是为了将老合伙人的资源转化给新合伙人，以实现资源的传承，避免资源的浪费。笔者也赞成此种观点，但这只是晋升合伙人的理由之一，而且他没有说明原合伙人采取这种行为的内在原因。

笔者认为，晋升合伙人是原合伙人主观利己和客观利他行为共同作用的结果。

(1) 晋升合伙人可以使原合伙人拥有的资源保值增值。

一是根据生命周期的规律，原合伙人拥有的资源会随年龄增加逐渐衰退。当合伙人退休时，其资源将极大可能失效。通过晋升合伙人，原合伙人将资源转化给新合伙人，从而避免资源的衰退。

二是随着新合伙人的加入，律师事务所变得更加强大，实现大而不倒和强而不倒。同时也向客户展现出律师事务所健康和勃勃生机的形象，这些都助长了原合伙人运用原有资源的效率性，得以创造更高的效益。

三是新旧合伙人存在的资源合作，如原合伙人致力于客户开拓，新合伙人专注于业务办理。这会使原合伙人发挥资源禀赋优势，创造资源的利益最大化。

(2) 原合伙人通过时代更迭的模式，晋升并帮助新合伙人，换取新合伙人对其退休时的利益保障。

(3) 晋升新合伙人后，只要采取科学的业绩考核和利益分配制度，实现按贡献分配利益，原合伙人就不会因为新合伙人的加入而丧失利益。

(4) 通过合伙人晋升制度，培养合伙组织的利他文化，使合伙组织更加牢固并为合伙人的事业提供有力的帮助和支撑。

从博弈论的角度看，晋升合伙人是行为人摒弃对抗、采取共赢的合作模式，通过利他行为实现利己效果。因为主观利己促进客观利他，最终实现利己和利他的和谐统一。

四、吸收新合伙人的时机

根据职业生命周期的规律，律师助理处于准备期时，其核心工作是从合伙人处学习专业知识和操作经验，同时其对律师事务所的文化也理解不深，还不具备成为合伙人的条件，此时将他们晋升为合伙人是不合适的，属于揠苗助长的行为。当律师助理经过一定年限的工作后，已经能够独立执业时，可以将他们晋升为二级合伙人。但此时的晋升应该是合伙人的初级阶段。因为他们仍然没有合伙的基本经验和习惯，往往是基于自身的狭隘观念和认识对律师事务所的事务发表意见。因此，很有可能使律师事务所的运营陷入低效率甚至是合伙人内部冲突和纷争不止的境况。

当二级合伙人进入职业的发展期，已经掌握了相对足够的专业知识和技能，基本能够独立提供专业服务，也有了一定的客户基础，对律师事务所的企业文化也有较为深刻的认同，此时晋升为合伙人是合适的。

现在 DS 律师事务所的合伙人晋升制度也是按照职业生命周期规律制定的。

当律师基本掌握执业的知识和技能，拥有一定的客户基础，认同律师事务所文化时，经过申请和考察，可以晋升为合伙人（二级合伙人）。

当合伙人（二级合伙人）的能力进一步加强，足以完全独立自主地处理各种业务问题和管理工作，并且具有合作精神时，经考察可以晋升为权益合伙人。

五、晋升合伙人的条件

这是 DS 律师事务所现有晋升制度的短板，它并没有制定晋升合伙人的客观条件和考察程序，完全依靠权益合伙人的主观判断。这就造成了晋升制度的神秘性和不确定性，从而使 DS 律师事务所的权益合伙人的队伍难以扩大。

经过权益合伙人的讨论，将晋升合伙人的条件归纳如下：

第一，认同律师事务所的理念。这里包括三部分，其一是社会法律工作者的理念，即《律师法》第二条所指律师是为当事人提供法律服务的执业人员。律师应当维护当事人合法权益，维护法律正确实施，维护社会公平和正义。这是要求树立正确的金钱观，明确职业的初心。其二是资源共享和专业分工的理念，这是强调合伙中的合作性和利他性，要求合伙人将自身资源融入集体资源，并按照律师事务所的要求实行术业专攻，以求形成律师事务所的合力和核心能力。其三是 DS 律师事务所的使命，共同愿景和目标。

第二，基本的道德要求。我们的思维习惯不仅关注合伙人的工作八小时，还关注合伙人在八小时工作之外的行为。导致合伙人之间争吵的理由，有时并不体现在专业能力和创收能力，反而极有可能体现在合伙人之间的道德要求和生活工作习惯上。

第三，一定的资源基础。这种资源包括客户资源、人力资源和社会资源，所谓业务创收能力只是其中的一种资源。但对合伙人的评价是从广义资源角度来看的，例如某一律师担任了一些社会职务，这就拥有了独特的资源，完全可以作为吸收为合伙人的重要理由。

对于二级合伙人晋升到权益合伙人，进一步强调以下两个要求：

第一，独立自主的能力。就是说要求合伙人具有成熟的相对雄厚的资源，并在此基础上拥有独立自主办理法律业务和从事事务所管理工作的能力。

第二，合作的心态和经历经验。这是要求二级合伙人心理上能够不再局限于单打独斗，而是追求合伙人之间的精诚合作，并且合作的行为已经有历史表现并得到其他合伙人的认同。可以说，合伙人的合作和利他精神，是律师事务所将其吸收为权益合伙人的考评核心。

第二节　合伙人资源的转化与资源共享

虽然合伙人组成了律师事务所的骨干，但实践中许多合伙人总是无法和律师事务所同德同心，最明显的表现就是对资源的转化和共享。一方面，合伙人紧紧把握住个体的资源不放，只愿意承担律师事务所的公共成本，甚至即使将创收结果拿出来与他人分享，也仍然不会放弃对客源的把控。另一方面，由于缺乏律师事务所的公共资源，每个合伙人所拥有的仍然是合伙前其本来就有的资源，这就造成了律师事务所的虚化以及合伙人的强势，两者之间并没有实现真正的结合，其结果是律师事务所受制于合伙人，如果某个重要合伙人退伙，律师事务所将遭受重大损失甚至解体。

合伙人拒绝转化的原因，大致如下：

①害怕资源转化给律师事务所后将丧失资源，而这些资源又是合伙人的立身之本和成为合伙人的资格，其结果对于合伙人是毁灭性的打击。

②资源的转化并不能带来公平合理的回报。因此，合伙人缺乏转化资源的动力。

③无法判断是否每个合伙人都能够诚实地将全部的资源转化给律师事务所，这使合伙人害怕奉献的不公平。

笔者认为，解决合伙人上述顾虑的方法是设定一个相对公平的考评制度，它首先必须能够完整地反映合伙人的各项资源（包括客户资源、人力资源、社会资本资源）及其比重，其次体现合伙人在律师事务所转化资源和创造新资源的努力，最后考评的结果必须与合伙人的利益分配相挂钩。而整个过程最重要的原则是公平原则。

第三节　合伙人的机会主义行为

机会主义行为性质上体现为"利己性""损人性""投机性"。机会主义的行为具体表现为偷懒、隐瞒和欺骗、混淆和误导、背信弃义（违反义务）、浪费与滥用、搭便车、敲竹杠、合谋与寻租、创租、短期行为，等等。律师事务所合伙人的机会主义行为主要表现在偷懒、背信弃义（违反义务）、搭便车、合谋等。所谓偷懒,是指合伙人保留自己的能力,减少对律师事务所的工作投入,来获得其虚高的回报;所谓背信弃义(违反义务),是指合伙人违反法律规定或合伙协议约定的义务,主要表现在"不履责";所谓搭便车,是指"不付成本而坐等他人之利",它主要发生在公共产品的生产或消耗中,如不愿意为律师事务所的某些公共资源建设付出;所谓合谋,是指合伙人与第三人相互勾结,损害律师事务所利益的行为,如合伙人与当事人勾结,将应收的律师费私自减少收归个人所有。

对于机会主义的产生的解释理论有以下三种:

(1) 公共产品理论。奥尔森(1966)指出,"搭便车"是因为公共产品的存在。公共产品指可由全体成员无偿使用的产品。公共产品的使用与每个人的贡献没有因果关系,行为人就会希望他人去努力创造公共产品,而其则坐享其成。这种行为随着成员的数量增加而加剧。

(2) 团队生产理论。在团队中,个人对其付出承担全部成本,但他只能获得其努力的部分回报。因此,团队成员会认为这种付出与回报不存在对等性。每个成员都有减少成本支出而坐享他人成果的机会主义倾向,他们都缺乏努力工作的积极性。此外,对于团队成员的付出和贡献的准确评估是非常困难的,偷懒行为也不容易被发现,这就加剧了偷懒行为的广度、深度以及密集度。

(3) 委托代理理论。杰森和梅克林(Jeson & Meckling,1976)认为,企业存在所有权和管理权的分离,投资者和管理者的利益取向是不一致的。由于有限理性和信息不对称的原因,管理人会发生机会主义的行为。

第一种理论对律师事务所合伙人的机会主义行为的认识是不准确的。因为律师事务所的公共产品很少,基于对公共产品的争夺机会自然就极少。

第三种理论对律师事务所合伙人的机会主义行为无法做出令人信服的解释。因为律师事务所合伙人已将出资者和管理者的身份合二为一,消除了两者因为身份区别而引起的利益冲突。

笔者大体赞成第二种理论。笔者认为律师事务所合伙人机会主义的产生原因有两个。

（1）纯粹的利己主义。这是指合伙人只固守于纯粹的利己原则，忽略了博弈状态下的利益最大化。

（2）律师事务所缺乏公平有效的绩效评价制度以及回报制度。这表现在：①绩效考核制度无法全面反映合伙人所贡献的各种资源。往往只重视创收，而忽略合伙人的社会资本资源，如对某合伙人担任重要社会职务的作用视而不见，或者绩效考核制度无法反映合伙人在合伙中的努力行为，如对合伙人的创新行为（表现为发表论文或著书立说）不予理会。②合伙人的努力与回报不具对等性和公平性，如只依据创收指标分配，其余合伙人的资源贡献以及努力行为都没有在分配中体现。所以，律师事务所合伙人的机会主义行为产生的很大原因是事务所管理制度不当。

对于合伙人的机会主义行为，一般认为有以下约束机制：

1. 同事压力机制

坎德尔和拉泽尔（Kandel & Lazear，1992）认为，合伙人共享利润会产生偷懒行为，但因为利润共享也促进了合伙人之间的相互监督，反过来抑制偷懒行为，两位学者称之为"同事压力"。当然，这种"同事压力"随着合伙人的扩大必将减弱。因为他们可能互不认识，更加谈不上交往和监督。

笔者认为，同事压力机制是存在的，但是它的作用是有限的，因为它缺乏强制性约束。另外，同事压力机制受到影响的因素太多，效果也难以保证，例如被监督者可以接受的程度，监督者进行监督的目的以及公允性，还有合伙组织的监督文化氛围等，甚至会产生谢普利·奥尔（Sheply Orr）所说的同事压力机制可能导致的激励挤出效应。

2. 自律机制

这种机制下合伙人只需要监督自己，强调自我批评，不再强调批评他人。但是，自律机制的动力和效果都是难以保证的，只能是合伙文化中利他主义的一种表现。

3. 监督机制

这种机制要求合伙组织设立监督机构和人员，对合伙人的行为进行考评和纠正。由于合伙人是合伙组织的出资人和主要业务骨干，对于机构的监督本身就有抗拒心理。同时对于监督人员的资历、能力和监督的准确性、公允性都会提出诸多的疑问。为了对合伙人的行为有效监督，必须投入非常大的人力物力，这也加大了律师事务所的成本。监督机制还会使合伙人与合伙组织的冲突扩大。

对于 DS 律师事务所而言，因为权益合伙人的合伙时间长，合伙人之间存在高度的思想认同，所以同事压力机制的作用较好。而且权益合伙人学历较高（均为博士），年龄相当（均为 50 多岁），自律是他们的基本修养，所以自律机制也是有效的。DS 律师事务所设立了专门的监督机构——纪律委员会，负责对全体合伙人执业活动的监督，所以监督机制也在发挥作用。

实践中由于合伙人拥有资源并未有效转化给律师事务所，实际上形成了合伙人市场，律师事务所的话语权是相对有限的。上述三种机制中，对机会主义起一般制约作用的是自律机制。对机会主义（例如，私自收取律师费）的制约是监督机制，而且这种监督机制不是由合伙组织制定的，而是由法律法规规定的强制性监督机制，如停止执业或吊销执业资格制度。

事实上，管理学上的机会主义行为在律师事务所中并不严重，究其原因有二：其一，律师事务所极少有公共产品或公共利润可供合伙人使用或分配，换言之就是无便车可搭；其二，大部分律师事务所合伙人的绩效考评指标单一化，只以收入论英雄。这虽然不合理，但也显而易见，一目了然，可供搭便车或偷懒的空间和方法是极少的。

如果律师事务所存在可供分配的公共利润，那么合伙人偷懒的行为就会存在。笔者认为，律师事务所抵制机会主义行为最有效的机制是激励机制。律师事务所只有建立科学的、全面的绩效考核体系，反映出合伙人贡献给合伙组织的资源和能力，并以之作为利润分配的标准，才能使合伙人感到合伙组织的公平性，也就没有偷懒的理由和空间，这种正向的激励作用就会消除机会主义产生的基础。

第四节 合伙人的绩效考核

一般而言，绩效考核的对象可以是企业，也可以是员工，但鲜有企业的投资者。本人认为，律师事务所的合伙人既是出资者，又是管理者，还是律师事务所业务创收的骨干人员，与一般企业的出资者有所区别。所以，对于律师事务所的合伙人是可以进行绩效考核的。

一、采用平衡计分卡作为考核技术的原因

第一，平衡计分卡创立之初就是用于绩效考核，而且它和律师事务所的战略密切联系，能够化战略为行动。通过战略地图的描述解释和指明律师事务所战略的实现过程。

第二，平衡计分卡作为有机的考核系统，将非财务指标和财务指标、长期性指标和短期性指标、滞后指标和前置指标相结合，分布在具有因果关系的财务、客户、内部业务流程、学习与成长四个层面上，形成了相对完备的体系，特别能反映律师事务所这种知识服务行业的特征。

第三，平衡计分卡的指标体系能够反映和倡导律师事务所的价值取向和文化要素。例如，将合伙人执业中发表的著作文章作为创新纳入内部流程考核，将合伙人学习及在外参政议政活动等人力资源及社会资本资源纳入学习与增长层面考核。

第四，平衡计分卡可以促使律师事务所成为"学习型组织"。律师事务所最大的资源是人力资源，平衡计分卡的学习与成长层面指标，就是强调学习和能力建设，通过学习不断提高能力，保证组织能够适应外部环境因素的变化。

二、确定平衡计分卡绩效指标的原则

构建平衡计分卡指标的原则有两种。一是"SMART"原则，即指标必须

具体（Specific）、可衡量（Measurable）、可达到（Attainable）、相关联（Relevant）以及有时间限定（Time bound）。二是 4E 标准原则，即经济（Economy）、效率（Efficiency）、效益（Effectiveness）及公平（Equity）。

除上述原则外，笔者认为确定律师事务所的合伙人绩效考核的指标的最重要原则是协商原则，协商的内容包括指标种类的选择以及指标权重的分配，这些指标未必有非常准确的公式可以推算。只有合伙人内心能够接受，平衡计分卡才能得到贯彻。例如在创收指标中，DS 律师事务所合伙人协商一致认为应以 10 万元作为 1 分贡献点计算，而在合伙人的学历指标中，本科属于基本条件，不予记分。双学士或硕士学位应计 2 分贡献点。双硕士或博士学位应计 4 分贡献点。这些指标的种类及权重并非一成不变的，它们可以根据律师事务所合伙人各项情况变化而调整，例如也许下一年度可将创收 30 万元计 1 分贡献点。

三、财务维度指标

财务指标是平衡计分卡指标的核心，也是其他层面指标的目标。从战略地图逻辑来看，财务层面的指标指向生产率战略和增长战略。前者通过改善成本结构和提高资产利用率实现，后者通过增加收入机会和提高客户价值来实现，具体表现在以下三个主题。

1. 收入增长和组合

最常用的营业收入增长指标是销售增长率和目标地区、市场与客户的市场份额。

合伙人贡献的所有资源和能力，最终都体现在业务创收上。所以，业务收入是财务维度中的第一指标。

律师事务所的创收中有两种情况：引进案源和具体办理业务。部分合伙人拥有丰富的客户资源和社会资本资源，能够联络大量的业务，如果业务创收指标中对此没有考虑，那是极不公平的，同理，也要考虑到办理具体业务的合伙人的付出，经协商达成以下处理方式：

①如果一项业务有介绍合伙人和经办合伙人，则业务收入的30%归前者，70%归后者。

②所有合伙人名下的总收入，以10万元计1分贡献点，总收入折算原则采取四舍五入，例如，余额不超过5万元，不计分数，超过5万元计1分贡献点。

2. 降低成本/提高生产率

律师事务所的成本可以分为人力成本和非人力成本。前者如律师助理的工资和奖金。后者如办公室租金和行政支出。后者的构成比较稳定，占比也不大，试图降低的空间也不大，而且与业务合伙人无关。前者涉及的影响因素太多：①业务品种。如刑事案件的律师助理需求少，公司并购业务的律师助理需求多。②办案数量。一般而言，案件办理数量多，所需律师助理多。③案件的收费高低。收费高的案件需要的律师助理未必多，收费低的案件需要的律师助理未必少。这些因素的变化方向又不一致，导致难以评估业务收入的成本，所以，DS律师事务所合伙人决定暂时对该项指标不予考虑。

3. 资产利用/投资战略

这主要涉及资金周转期和提高资产运用两方面。律师事务所对客户提供法律服务并不需要律师事务所投入巨大的资产和资金，所以对资金周转率的考评是没有意义的。

但是财务与风险管理是相互联系的，现在客户拖欠律师费的现象屡见不鲜，所以，我们设计了"收入到账率"（收入到账率=已到账资金÷合同应收资金×100%）这一指标。设立这个指标的目的是尽快回笼律师事务所的收入，以免遭受不必要的损失。其原理是以律师事务所全体合伙人的收入到账率为标准，合伙人当年的"收入到账率"少于全所的平均收入到账率20%，扣减1分贡献点。

四、客户维度指标

客户层面涉及的因素包括价格、质量、可用性、选择、功能、服务、伙伴关系和品牌等。它们通过客户盈利性、市场份额/客户份额、客户保持率、客户获得率来影响财务，具体表现为以下内容：

1. 市场份额

对于律师事务所拥有的市场份额统计有两个问题，一是只有少数业务品种可以统计，如每年服务 IPO 公司数量，但大多数业务的数据无法统计，包括刑事、民事、行政诉讼案件。二是缺乏权威可靠的数据支撑。目前尚没有第三方平台或公司拥有这种数据和调查能力，由于各律师事务所不对外披露具体的业务构成，理论上这种统计是很难进行的，所以，我们放弃了该指标。

2. 客户保持率

这是一个非常重要的指标，但是目前能够统计的对象限于固定化客户，例如常年法律顾问，其他流动的、偶发的客户（如刑事案件嫌疑人）是不能以保持率指标来衡量的。当然，常年法律顾问客户是律师事务所的业务根源，理所当然应该受到重视，因此，我们认为保持客户是应该的，丢失客户是要受惩罚的。现在律师事务所常年法律顾问的每年平均收费为 5 万元，因此，合伙人当年每丢失 2 个法律顾问客户，扣减 1 分贡献点。上述指标可以累积计算。

3. 客户获得率

获取新客户是律师事务所发展的重要方法之一。对于新客户的开拓理所当然列入考核指标。具体方法是：合伙人当年每增加 2 个常年法律顾问单位客户，增加 1 分。该指标可以累积计算。

4. 客户满意度

我们以客户投诉量来代替客户满意度的考评，并将它放在内部业务流程层面讨论。

5. 客户获利率

评价某个客户的获利，可以从年度收入来看。但如同前述，对于流动的、偶发的客户，缺乏时间维度的比较，而客户的获利能力大小，只能证明其价值和重要程度。由于 DS 律师事务所是处于成长期的综合律师事务所，现在尚谈不上对客户的选择或抛弃，所以，合伙人一致决定先将该指标搁置。

6. 品牌

DS 律师事务所的合伙人认为律师事务所的品牌建设是律师事务所真正独立化和强大的表征，但合伙人的具体行为对品牌建设有无帮助难以量化考评，因为它们之间的因果关系非常间接。因此，合伙人一致认为目前将其纳入考核尚不成熟。

五、内部业务流程维度指标

内部业务流程揭示了律师事务所创造价值的原因和过程，为内部业务流程制定目标和指标是平衡计分卡与传统业绩衡量系统的最大区别。内部业务流程通过经营管理流程、客户管理流程、创新流程、法规和社会流程来作用于客户，其具体内容如下。

1. 运营管理

律师事务所的运营，不是从采购原材料、组织生产到交付客户，它是运用知识的判断、融合和创新的过程，很难对其过程进行量化管理。但是可以从合伙人的业务行为是否受到司法主管部门、律师协会以及法院等部门的处罚来判断。所以 DS 律师事务所的合伙人决定：

①合伙人受到司法行政机关、律师协会以及税务局、法院等部门的处罚，按处罚的程序分低、中、高三档，分别扣 2 分、4 分、6 分贡献点。例如因执业行为导致律师事务所被诉承担责任的，除对赔偿承担无限责任外，还要扣除 6 分贡献点。

②涉及刑事诉讼时，除承担刑事责任外，剥夺当年的分红权并强制退伙。

2. 客户管理

对这一指标的考评以客户的投诉为标准，如因执业行为遭受客户有效投诉，对该合伙人予以扣减 2 分贡献点，此项指标允许累积计算。

3. 创新

律师事务所的创新体现在两方面：其一是创立一种崭新的业务，例如遗嘱执行业务，这种情形极为罕见，并非常态化现象。其二是将他们的执业经验著书立说或发表论文，这是律师事务所应该鼓励的行为。所以，该指标考核如下：

①在省级刊物每发表1篇论文，计1分贡献点；发表在国家级刊物，计2分贡献点。

②出版著作的，以每5万字计1分贡献点。

③上述指标允许累积计算。

4. 社会工作

这一指标是为了创造有利于企业经营的环境。DS律师事务所合伙人一致认为，合伙人有以下情形的，应予嘉奖：

①合伙人担任区、市、省、全国级别的社会职务的，分别计1分、2分、4分、8分贡献点。

②合伙人担任市、省、全国级别的律师协会的副会长以上职务的，分别计2分、4分、8分贡献点。

③担任市、省、全国相关协会组织副会长以上职务的，分别计2分、4分、8分贡献点，例如担任广州市总商会副会长可以计2分贡献点。

④由于上述职务获得可能存在关联性，所以上述三种指标不允许累积计算，但允许取得最高分值的指标。

六、学习与成长维度指标

学习与成长维度的指标为其他三个层面指标的实现提供了坚实的基础，对律师事务所而言，学习与成长维度的指标培养的是合伙人的能力、人力资本和未来，它充分体现律师业中无形资产的重要性，它分为以下三个部分。

1. 人力资本

对合伙人人力资本的具体考核指标如下：

①学历。其目的是鼓励合伙人继续学习。合伙人取得本科学历,不予计分,取得双学士或硕士学位的,可计 2 分贡献点;取得双硕士或博士学位的,可计 4 分贡献点。此项指标以最高学历计算。

②技能。每考取一个法律外专业资格(如会计师和资产评估师),可计 1 分贡献点,允许累积计算。

③资历。在本所或同等层次律师事务所担任权益合伙人 5 年以下的,计 1 分贡献点,每增加 5 年,增加计算 1 分贡献点。本项指标采取 4 分封顶。

④获奖。合伙人当年获得省、全国司法行政部门的奖励的,分别增加 1 分至 2 分贡献点。

对律师助理人力资本的贡献考核:

①培训。合伙人有义务按律师事务所规定,每年向本团队提供 2 次业务培训,向全所律师助理提供 1 次业务培训,上述三次培训每缺少 1 次的,扣减 1 分贡献点。

②律师助理离职率。合伙人所属团队律师助理非因正当原因(例如移民、婚姻、迁徙等)离职的,每离职 1 人,扣减该合伙人 1 分贡献点。

2. 信息资本

这主要指律师事务所的管理信息系统的软硬件建设。DS 律师事务所合伙人认为,此项指标与业务合伙人关联度不大,故不纳入考察范围。

3. 组织资本

DS 律师事务所认为合伙人均有义务帮助和参与事务所的组织资本建设,主要是建立律师事务所的企业文化和服从律师事务所管理的评价,具体如下:

①企业文化建设。

合伙人参加律师事务所全所性的公众活动的情况(例如野外拓展训练、年度旅游等),每缺席 1 次,扣 1 分贡献点。

②企业管理工作。

合伙人如经律师事务所管理委员会评定,有违反律师事务所管理制度且带来严重不良影响的,每出现 1 次扣减 1 分贡献点。

表 4-1　DS 律师事务所平衡计分卡考核框架图

——	目标	指标	考核标准
财务	收入与增长	业务收费	每 10 万元为 1 分贡献点。
	风险管理	收入	低于平均到账率 20%，扣减 1 分贡献点。
客户	客户忠诚度	客户保持率	每丢失 2 个常年法律顾问客户，扣减 1 分贡献点。
		客户获得率	每增加 3 个常年法律顾问客户，加 1 分贡献点。
内部业务流程	运营管理	处罚率	合伙人受到司法行政机关、律师协会以及税务局、法院等部门的处罚，按处罚的程序分低、中、高三档，分别扣 2 分、4 分、6 分贡献点。
	客户管理	投诉率	遭受客户有效投诉，扣减 2 分贡献点。
	创新	发表论文及著作	（1）在省级刊物每发表 1 篇论文，计 1 分贡献点；发表在国家级刊物，计 2 分贡献点。 （2）出版著作的，以每 5 万字计 1 分贡献点。
	社会工作	参与社会工作	（1）合伙人担任区、市、省、全国级别的社会职务的，分别计 1 分、2 分、4 分、8 分贡献点。 （2）合伙人担任市、省、全国级别的律师协会的副会长以上职务的，分别计 2 分、4 分、8 分贡献点。 （3）担任市、省、全国相关协会组织副会长以上职务的，分别计 2 分、4 分、8 分贡献点。不可累积计算，但可取得最高分。
学习与成长	人力资本	学历	合伙人取得本科学历，不予计分，取得双学士或硕士学位的，可计 2 分贡献点；取得双硕士或博士学位的，可计 4 分贡献点。此项指标以最高学历计算。
		技能	每考取一个法律外专业资格（如会计师），可计 1 分贡献点，允许累积计算。
		资历	在本所或同等层次律师事务所担任权益合伙人 5 年以下的，计 1 分贡献点，每增加 5 年，增加计算 1 分贡献点。本项指标采取 4 分贡献点封顶。
		获奖	合伙人当年获得省、全国司法行政部门的奖励的，分别增加 1 分、2 分贡献点。
		培训	合伙人有义务按律师事务所规定，每年向本团队提供 2 次业务培训，向全所律师助理提供 1 次业务培训，上述三次培训每缺少 1 次的，扣减 1 分贡献点。
		律师助理离职率	合伙人所属团队律师助理非因正当原因（例如移民、婚姻、迁徙等）离职的，每离职 1 人，扣减该合伙人 1 分贡献点。

续表

—	目标	指标	考核标准
学习与成长	组织资本	企业文化建设	合伙人情况参加律师事务所全所性的公众活动的（例如野外拓展训练，年度旅游等）每缺席1次，扣1分贡献点。
		企业管理工作	合伙人如经律师事务所管理委员会评定，有违反律师事务所管理制度且带来严重不良影响的，每出现1次扣减1分贡献点。

七、时间维度

当合伙人的年龄增大接近退休时，他对工作的精力投入程度及效果都会逐渐变差。所以，DS律师事务所合伙人认为，基于平衡计分卡所得的考核分数，从合伙人58岁开始应该调减计算，才能显示公平。初步调减幅度为每5年调减10%，直到律师事务所规定的最迟退休年龄68岁为止。

八、绩效考核的管理机构

平衡计分卡的考核指标中有部分涉及主观判断指标，为了保证公平，DS律师事务所将对主观指标的判断交由律师事务所管理委员会民主裁决。

第五节 合伙人的利益分配

律师事务所的合伙人对律师事务所的共同出资和共同经营导致共享利益。由于对"出资"的构成和"经营"的理解各有不同，导致律师事务所的利益分配模式五花八门。陈静（2007）经过对上海市律师业的调查，认为律师的利益分配模式有五种：利润共享模式、个人利润模式、分组利润分配模式、利润共享—个人利润混合模式、分组利润—个人利润混合模式。徐忠良（2017）认为律师事务所的利益分配模式有五种：平均分配制、份额分配制、分账制、提成制和计点制。

笔者认为，律师事务所合伙人利益分配模式千变万化，大致可分为以下四种：

①分账制。这是指将律师事务所的成本分为公共成本及个人（团队）成本。前者如办公场所的租金、水电费及行政事务支出等，由全体合伙人共同享有利益的费用，该部分成本由全体合伙人平均分摊。后者是指合伙人个人（团队）使用的办公场所租金，律师助理的薪酬等，该部分由具体负责的合伙人承担，合伙人在承担完公共成本和个人（团队）成本后的剩余部分即为利润。分账制的特点是基本公平，但无法形成律师事务所的合力。每个合伙人只关心其收入，不关心事务所的公共投入和建设，事务所还难以调处合伙人因业务产生的矛盾，所以律师事务所难以做强。

②提成制。这是指先按一定比例对其名下收入提成，留存律师事务所部分共同承担律师事务所的成本，仍有剩余的利润按合伙人留存比例进行分配。这种模式实质上仍然以分账制为基础，各合伙人提供部分利益用于合伙而已，它仍然不能摆脱合伙的松散性，同样无法构筑律师事务所做强的坚实基础。

③平均分配制。这是指律师事务所将其收入承担全部成本后的利润由全体合伙人平均分配。有的律师事务所将平均分配改为按出资比例或约定比例分配。这种模式多见于小型律师事务所的初创阶段。由于合伙人需要摒弃利益之争，首先集中全体的力量建设事务所，这种模式的律师事务所的合伙人一般不多，过多的合伙人必然容易产生关注点和利益观的争执。此外，这种模式下的合伙人之间的能力差距不大，或者能力高的合伙人必须有奉献精神才能维持。并且这种模式容易随着律师事务所规模扩大而变得不合适。

④计点制。这是指按照律师事务所制定的计算标准，将各合伙人的贡献和资历折算成点数，合伙人按其当年点数分配律师事务所的利润。这种模式在管理相对规范的律师事务所中采用，例如金杜、天同等律师事务所，这种利益分配模式的优点是能够汇集各合伙人的资源和力量，最大限度地发挥集体的力量。但由于计算贡献点的方法和比重与各合伙人息息相关，成为合伙人永远争吵不休的话题，而且这种模式容易产生合伙的机会主义行为，例如

偷懒和搭便车。

从上述四种模式分析，实际上就是一个从个体到集体的变化过程。在这个过程中，合伙人逐渐交出资源、贡献能力，然后越来越多地共担成本、共享利益，也正是基于对集体概念的喜好，学界对律师事务所利益分配模式的研究，一边倒地支持后者，这是不公允的。相比之下，学者对会计师事务所合伙人的利益分配制度的研究就显得更加深入和合理。胡奕明（2004）认为会计师事务所的利益分配机制受事务所的权益性质决定，事务所的权益不是资合性质，而是人合性质。采取有限责任公司制的事务所主要按其出资额分配，采取合伙制的事务所的分配依据是合伙人的智力资本，就是按合伙人的贡献大小来灵活分配利润。关德铨（2000）认为合伙人的价值表现为资本投入的回报以及个人贡献的回报，对于个人贡献的业绩考核，分为量化指标和非量化指标，前者如客户数量，后者如客户满意度等。刘桂良、唐松莲（2005）认为关键性资源是事务所股权设置的基础，具体就是人力资源，他建议对拥有物质资本的出资者，可以设立财产股，对拥有人力资本的合伙人应设立岗位股，对拥有客户资源的合伙人应设立贡献股，事务所应激励所有相关人员积极开拓市场客户。可见，学界普遍认为对会计师事务所利益分配的设计中，应该充分注重到合伙所的人合性而非资合性，应将合伙人的人力资本要素在利润分配中充分体现，采取"按贡献分配"，也考虑到考核指标的主观化和客观化特征，并倡导分配的公平观。

笔者认为：第一，利益分配体制受制于合伙人对合伙的认识，即各合伙人对于个人愿景和目标的基本认识。能够成为合伙人的律师助理，肯定具有思想认识的相同性，否则这种合伙天生就存在方向的差异，所谓道不同不相为谋即是如此。例如甲合伙人认为谋生永远是第一位的需求，其意愿是多收费、少支出，追求利润的最大化，乙合伙人认为律师是专业人士，应该追求事业的成就感，律师事务所应该追求合理利润率而非极致利润率，两类思想的冲突将产生两种律师事务所的基础，也就自然形成两种利益分配体制。

第二，利润分配模式受制于律师事务所的战略，而战略又会影响到律师事务所的组织结构和组织制度，最终影响到合伙人的利益分配制度。

第三，利益分配制度普遍是律师事务所的核心内容，不为外人所知。所以，一般的律师对于利益如何分配，根本没有参照样本，大家只能在摸索中改进。这也是本书研究的目的之一。

笔者认为，应该根据律师事务所的战略取向，按照平衡计分卡的原理，设立完整的、系统的、具有因果关系的绩效指标考核，计算各合伙人的贡献分值，按其在总分值中所占比例来分配律师事务所的利润，这种分配制度有以下好处：

（1）它相对公平地体现各合伙人贡献的资源和力量，而不会局限于合伙人的资金出资额，或合伙比例。特别是对于创收的考核权重安排相对合理，既不是唯收入论，又充分考虑到收入这个最终指标的重要性。

（2）它充分体现律师业作为知识服务业的特点：一方面强调知识的核心作用，体现出劳动雇佣资本的变化，表现出对劳动者一人一分配政策的特点。另一方面强调无形资产的重要性，表现为平衡计分卡中的客户、内部业务流程、学习与成长层面的考核。

（3）它能深刻反映律师事务所的战略，并将战略化为目标和指标，从而管理和实现战略意图。这是由考核工具——平衡计分卡所决定的。

（4）它将绩效考核与利益分配相挂钩，将个人目标与律师事务所目标统一化，形成律师事务所的合力，使律师事务所能够迅速地做大做强，做到"力出一孔，利出一孔"。

（5）它的设计方法不是采取百分制下的扣分机制，而是采取加法的积分法。从被考评者的心理角度分析，容易形成正向激励作用，而非负向激励作用。

第六节　合伙人的退伙

从法律上看，合伙人的退伙原因主要有以下三种：声明退伙、法定退伙和破产退伙。而其原因有协议约定、合伙人申请、合伙人死亡、破产、禁治产、开除等。

从管理学上看，退伙分协议退伙，强制退伙和退休。所谓协议退伙，指合伙人之间就其中的成员的退伙事宜达成一致的协议。所谓强制退伙是指合伙人触犯了合伙协议中的强制退伙条款被其他合伙人强制要求退出合伙。本书主要讨论的是退休问题。

关于退休，笔者与律师业内多名合伙人调查访谈，得到两种意见：其一是认为合伙人自己负责执业和利益创收，不需要设立退休年龄，由该合伙人自主决定即可。其二是认为应该建立退休年龄制度，实行强制退休，其原因是合伙人随着年龄的增加和身体精神的衰退，一来力不从心，投入律师事务所的精力减少；二来其思想上到点休息和应该享受的观念越来越重，也不太愿意维持原来的工作状态，造成合伙人更多地不合理占用其他合伙人的利益。

本书认为，上述观点均有一定道理，关键是道路选择。不同的合伙模式会产生不同的退休观点。DS律师事务所的合伙人基本上还在年富力强阶段，退休的压力尚不明显，但为了律师事务所的规范化建设，应该对合伙人的退休制度予以规定。

一、退休制度的确定

第一，允许合伙人按国家法律制度规定年限退休。

第二，律师事务所设立最迟退休年龄为68岁，实行强制退休，其理由如下：到达此等高龄的合伙人在合伙组织中的实际作用已经非常有限，继续保留合伙人身份，将加重搭便车的效果以及对年轻合伙人利益的剥削。

二、退休前的利益分配调制

在合伙人年满58周岁时，其贡献点考核按每5年调减10%计算，例如甲合伙人的总贡献点为50分，则按45分计算，这种安排是考虑到发挥合伙人的余热和反映其实质贡献递减规律的结合。同时，这种方法也是时代更迭模型中，对前代投资人的合理回报和正向激励，能使合伙人愿意将资源交付给年轻的合伙人，并将其数十年的执业经验悉数传授给律师事务所的后辈。

三、合伙人退伙的补偿

对于退伙价值，有三种观点：①按事务所的现金流折现退伙价值。这对退伙人有利，但这种方法使退休合伙人分享了事务所未来的收益，加重了现有合伙人的负担，而且形成恶性循环，形成前代合伙人对后代合伙人的压榨。②按其原出资额或合伙权益的账面价值退伙。这种观点主要是认为合伙人退出合伙，其资源对其已无使用价值，且退休合伙人停止了工作，不应该分享事务所的未来利润。③允许退休合伙人在退休后的一定年限内继续参与律师事务所的利润分配，但这种分配的比例将逐渐降低。

本书认为，对于退休合伙人是应该给予补偿的，其原理是鼓励将其资源和能力顺利交接，不因其退休而归于消灭。至于补偿的方式是退休合伙人与在任合伙人的博弈结果。博弈的原则和目标是利益平衡，对于 DS 律师事务所，按该退休合伙人退休前三年平均利润分配所得予以补偿即可，因为合伙人退休前三年的平均所得最真实地体现出他的价值。

四、合伙人退休前的资源和能力传承

律师事务所应该制定管理办法对合伙人退休前的资源传承和丰富的执业能力作出传承安排，例如可对到达某一年限（如55周岁）的合伙人施加比其他合伙人多的培训授课任务，完成则计算加分、不完成则扣分。

第五章

合伙制律师事务所治理结构与绩效的案例分析

每个律师事务所的发展情况是不同的，仅仅依靠广泛的调查，最终只能得到空泛的解决方案。为了使本研究更具有针对性，本章以DS律师事务所为例，结合合伙人访谈结果，探寻律师事务所提高绩效的路径。

第一节　合伙制与公司绩效分析

在第二章的文献回顾中已知，大部分律师事务所采用的是合伙制组织形式，论证合伙制必然性的学者主要有两个观点，一个是风险观，将专业服务企业的组织形式与法律责任相连接；一个是权力观，以人力资本为关键性资源的企业需要给予专业人员所有权激励来留住人才，激励其进行专用性人力资本投资。不仅如此，回归律师选择合伙制的根本，他们更看重的是"合伙"帮助组织发展壮大。

前文提到专业服务企业的关键性资源是人力资源和客户关系，也有学者直接指出通常人力资源才是专业服务企业的第一资源，因为客户资源通常附属于人力资源。律师的个人价值不仅在于其拥有的专业知识和素养，还包括其掌握的客户群。这个结果与其专业服务特点有关，客户通常不具有专业知识，难以判断"产品质量"，所以在服务过程中，客户对服务人员有较大的依赖性，同时因为客户是律师收入的主要来源，律师也会倾向于与客户保持良好的关系，所以客户和律师会建立比较紧密的关系。而且律师并不依赖律师事务所执业，所以客户的这种信任一般只限于律师本人，当律师离开律师事务所的时候就会带走与他联系紧密的客户资源。律师事务所一般是由3位及以上合伙人共同成立，他们都是经验丰富的执业律师，都掌握一定数量的客户资源，他们不仅向律师事务所提供自己的专业知识和能力，还包括各自的客户资源，只有人力资源与客户资源加总才是真正建立了律师事务所。因为法律涉及社会经济政治生活的方方面面，不同的法律适用于不同性质的案件，所以法律也就被分为了许多专业业务领域，主要包括民法民诉、刑法刑诉、知识产权、交通运输、财税审计、环境保护、商贸服务等专业领域。律师通常不是全能型的，并不能做到熟知所有法律业务领域，而且为了打造个人品牌形象，他们通常会选择其中的一个或多个业务领域进行学习，胜任相关领域的工作。所以尽管有个人所组织形式供律师选择，但大多数律师会选择合伙制组织形式，原因在于不同专业领域的律师合伙既能成立具有一定规模的律师事务所，又能让律师事务所接到多专业领域的法律业务。通常情况下，律师事务所能承接多领域的案件意味着能满足客户多方面的需求，帮助律师事务所打造品牌形象，吸引稳定的客户群体，实现稳定收益。所以，合伙制律师事务所的建立其实是不同专业领域的律师将各自稳定的客户群进行加和，既保证了自己的收益，又能因为背靠业务综合的律师事务所而吸引新的客户。本书的案例企业 DS 律师事务所就是由三位擅长不同专业领域的合伙人创立，在 20 多年的发展中各合伙人在不同领域发挥自己的优势，取得了不错的效益，又因为业务增多和规模的不断扩大，吸引了其他法律业务领域的执业律师，成为一家综合律师事务所。

本书探讨专业服务企业的合伙制治理结构对绩效的影响，主要与公司核心治理问题有关，同普通制造企业一样，专业服务企业治理的核心问题也是如何降低代理成本、提升运营效率。企业的运营绩效与经济绩效具有相关关系，运营效率的提高可以帮助企业实现绩效目标，所以本书探讨律师事务所运营效率的提高也能带来最终绩效的增长。

代理成本产生于所有权和经营权分离，这常出现于现代公司制企业中，公司经理人与股东的利益并不一致，有时甚至会出现冲突，造成了内部代理成本，所以为了降低代理成本、实现企业价值最大化，企业的剩余索取权与控制权要达到最好对应，企业的实际控制者同时享有剩余利润索取权，而合伙制正是能够实现这个目的最好的对应。承担所有风险的股东同时也是企业的管理者，合伙制还能使企业中员工承担剩余受益的同时互相监督，因为合伙制要求合伙人对损失承担无限连带责任，合伙人要为其他成员的错误负责，所以他们会倾向于互相监督以避免错误发生。但是张维迎指出，企业的分工性质和生产要素的特点决定了在绝大部分的产业中，这样的合伙制不可能是最优的，所以至今公司制仍是最普遍的治理模式。但律师事务所与绝大多数企业并不相同，它无须物质生产要素，高素质人才和客户关系构成了它的关键性资源，使合伙制成了事务所的首要选择。因为合伙制要求股份或合伙人身份不能转给外部股东，所以律师事务所基本不存在外部治理成本，又因合伙人多是行业专业人士，合伙人之间可以实行有效监督，内部代理成本被降低，所以合伙制的代理成本优势适合律师事务所的发展。

在本研究的访谈中，随机选择的16家律师事务所皆为合伙所，拥有三位及以上合伙人，证明了合伙制确实是成立律师事务所的首选。此外，在访谈中，有受访者站在自身合伙人身份层面表示"律师事务所的成立就是理念相同的合伙人将各自的客户资源进行整合，合伙制能够保证各合伙人的相对独立性"，表明合伙制的优势在于合伙人始终是自身资源的所有者，保证了合伙人的稳定利益，还能借助律师事务所平台实现资源的整合，拥有创造更多利益和价值的机会。

合伙制帮助律师事务所实现了剩余索取权与决策控制权的对应，降低了代理成本。为了进一步提高运营效率，律师事务所等合伙制专业服务企业多是采用利润分享、分工、晋升三大机制来实现有效内部治理。三大机制相互促进、相互支持，利润分享机制让员工有动力根据自身优势和特长分工进行专用性投资，来帮助自己获得利润分享的机会，组织再整合资源和收益进行分配；晋升机制是律师事务所设置了晋升合伙人的通道，能够帮助事务所留住关键高素质人才和客户资源，带来新鲜血液，调动组织成员的积极性，增加利润分享的总量；而分工机制则旨在通过员工的专业化来提升工作效率，鼓励员工找准自身特长和优势，通过提升员工工作效率帮助企业发展壮大，三个机制共同作用帮助企业提高运营效率。在本研究访谈的16家律师事务所中，有许多合伙人肯定了合伙制三大内部治理机制的优势，表示"合伙制是最直接体现利益，利益的触动是最直接的动力"；在晋升机制方面，合伙人表示"合伙制最能激发员工的积极性，也最容易形成一致意见""合伙制更适合个人的成长发展"，被调查的16家律师事务所中有12家律师事务所设置了合伙人晋升和退出制度，同时，"律师当前、预计的创收能力的重要性程度"的访谈结果显示：所有律师事务所都认为律师的创收能力是重要的，有超过 30% 的律师事务所把律师的创收能力作为选拔成为合伙人的必备条件，比如 DS 律师事务所对晋升合伙人的创收要求以每年 100 万元为起点，这表明合伙制律师事务所为普通律师提供了晋升成为合伙人一同分享利润的通道和条件，也要求新合伙人能给律师事务所带来较高的收益，这个收益代表了其本人的价值，在这种晋升机制激励下，每个律师事务所的合伙人一般是能为律师事务所带来丰厚收益的优秀律师。普通律师们期望获得合伙人身份，这是组织对其创造的价值的认可，不仅证明了其个人盈利能力，又能够获得一定的管理权力，增强了员工对组织的认同感。员工会通过拓展客户增加收益来获得合伙人身份，这有利于律师事务所保持稳定收益、不断扩大客户规模，获得更好的绩效结果。

以 DS 律师事务所为例，合伙人在访谈中谈到企业的快速发展一部分得益于设置了晋升合伙人的通道，DS 在十几年间提拔了近 20 位为律师事务所做出突出贡献的二级合伙人，营收也翻了大约 18 倍。吸收新合伙人在帮助 DS 扩大规模、拓展新业务方面发挥了重要作用，从原来主攻诉讼与争议业务扩展到银行与金融市场业务、证券与资本市场业务等多项业务领域。业务领域的扩展和新合伙人的提拔给客户展示了律师事务所的成长发展，让 DS 在客户之间树立了良好的品牌形象，也带来了更多业务领域的客户，形成一个促进收益增长的良性循环。

合伙制治理结构中的三大机制对绩效的影响也得到了律师事务所普通律师们的认可，本研究问卷调查中利用五点量表询问 DS 律师事务所员工对合伙制实施效果的看法，被调查的态度统计如表 5-1 所示。

表 5-1　对本行业合伙制评价统计表

题项	完全不同意 (%)	不同意 (%)	不一定 (%)	同意 (%)	完全同意 (%)
与其他行业相比，我们公司的合伙制最适合	4.9	9.8	24.6	44.3	16.4
我们公司合伙制结构有利于保障公司的绩效	3.3	9.8	23.0	49.2	14.8
与其他行业相比，公司的合伙制是优势之一	1.6	6.6	24.6	42.6	24.6

DS 律师事务所的员工们对合伙制的评价普遍较高，三个题项均有超过 60% 的被调查者同意对合伙制的正向论述，且三个题项的平均得分为 3.67（SD=0.88），说明员工们普遍认为合伙制适合律师事务所。其中同意题项"我们公司合伙制结构有利于保障公司的绩效"的被调查者比例达到 64%，说明员工认为合伙制治理结构对律师事务所取得更好的收益有促进作用。

虽然合伙人和普通员工都认同合伙制治理结构对公司和个人的发展有促进作用，但在实践中，许多律师事务所并没有设置真正的晋升合伙人通道，晋升条件并不明确、没有固定的考核选拔时间，这种晋升制度的模糊阻碍了组织的发展。比如本书的案例企业 DS 律师事务所在审核晋升合伙人资格方面非常严格，而且资格审核多是基于现有合伙人的主观判断，并没有形成固定的晋升机制，所以合伙人数量增长速度过慢，直接导致现有的权益合伙人难以应付快速增长的客户需求，出现部分潜在客户流失的情况。这种情况属于律师事务所人力资源与客户资源在发展中的错位，没有及时得到满足的客户需求使 DS 律师事务所的发展受限。因此，缺乏明确的晋升合伙人通道可能会使部分拥有优势客户资源的律师跳槽或自立门户，人才和客户资源的出走将会给 DS 律师事务所造成重大损失。所以，为了满足组织和个人成长发展的需求，律师事务所应该开放晋升合伙人的通道，设置固定的晋升机制，真正发挥合伙制组织形式的优势，才能留住高素质人才和客户资源。

第二节 公司战略与公司绩效分析

战略对公司的发展具有重要影响。管理者可以根据公司战略制定目标和实施措施，从而抓住外部环境的机遇以实现组织发展、规避来自外部的威胁，以及充分发挥组织内部的优势并改进存在的不足。企业制定和实施战略的一系列管理决策和行为被称作战略管理，战略管理区别于普通管理活动在于它是基于全局和长远发展的，是对企业生产经营活动实行的总体性管理。

近些年，战略管理逐渐成为研究热点，战略管理适用的企业范围不断扩大，不仅民营企业需要进行战略管理以适应环境的多变性和复杂性，国有企业以及政府部门也同样需要，学者们对不同主体如何进行战略管理有众多的研究结果，但是针对律师事务所的战略管理还鲜有人研究，笔者在"中国知网"中检索"律师事务所战略"关键词，仅有 122 条结果。但研究的空白并不意味着律师事务所可以完全忽略战略管理，实际上，许多律师事务所并没有忽视战略管理的重要性，本研究对 16 家律师事务所合伙人的访谈结果显示，"战略管理的重要性程度"问题的平均得分为 3.94（SD=0.998），表明律师事务所的管理者们普遍认为战略管理很重要，有合伙人表示"战略就是组织发展的方向，可以激励全所人朝着目标前进"，表明战略在律师事务所中发挥着引领组织成员的作用。因为各律师事务所对战略管理的重视，有超过 60% 的律师事务所制定了自身的发展战略规划，大部分律师事务所也选择一年至少开一次发展战略内部会议。在战略举措上，每家律师事务所都努力采用各种途径来实施自身的战略，其具体的措施选择如表 5-2 所示。调查结果表明大部分律师事务所认识到人力资源和客户关系是律师事务所的关键资源，所以众多律师事务所会选择专注自身优势、塑造专业品牌、积极开拓业务领域、开展业务讲座与培训和学习交流等方式提高律师的知识水平以增强律师事务所的竞争优势，期望具备多元知识背景的高素质律师为律师事务所带来更多的收益。

表 5-2　律师事务所战略举措

战略举措	回应 N（总数）	回应 百分比	观察值 百分比
大量储备专业人才	6	7.0%	33.3%
专注于自身优势	12	14.0%	66.7%
积极开拓新的业务领域	15	17.4%	83.3%
努力寻求与国际知名律师事务所合作	4	4.7%	22.2%
聘请其他行业专家	4	4.7%	22.2%
业务讲座	12	14.0%	66.7%
后续教育	5	5.8%	27.8%
学习交流	15	17.4%	83.3%
积极到外地或国外开设分所	2	2.3%	11.1%
积极开展兼并与合并活动	2	2.3%	11.1%
律师培训	9	10.5%	50.0%
总计	86	100.0%	477.8%

在实际调查中发现，虽然战略管理已经得到了合伙人们的重视，但律师事务所仍缺少达成共识的和稳定的战略规划和实施措施，每年的发展战略内部会议多是探讨未来一段时间的发展规划，是基于合伙人本人的主观判断，并不是依据系统的战略规划。为了帮助律师事务所进行战略管理，提高公司绩效，本研究提出律师事务所可以根据战略管理中的资源基础观制定战略，打造律师事务所的竞争优势。

资源基础观作为重要的战略管理理论之一，认为企业的资源和能力是企业价值创造的源泉，决定着企业的战略选择，是竞争优势建立以及企业利润的主要来源。但不是所有的资源都有转化为企业竞争优势的潜力，只有资源是有价值的、稀缺的、难以模仿时才能为企业带来持续的竞争优势。根据资源基础理论分析，许多学者认为人力资源可以作为企业竞争优势的来源，原因在于：第一，企业的人力资本虽然本身不具有相对客观的价值，但是其可以为企业创造价值、带来收益，尤其在专业服务企业中，人力资源的价值体现在与其联系紧密的客户关系上，来自这些客户的收益构成了人力资源本身的价值；第二，一定时间内劳动力市场上会出现具有某一特性的人才供给数量绝对不足，或者是人才在企业之间的不均匀分布而造成人力资源的稀缺；第三，人力资源具有不可交易的特性，它并不能像其他物质资源一样被买卖，所以它不易在企业之间传递，人力资源本身拥有的知识也不能被完全复制，因此人力资源是难以模仿的。所以律师事务所要获得超额利润就要根据自身已经拥有的资源确定竞争优势。但是仅依据企业内部资源制定组织战略是不充分的，战略分析不能忽略外部环境的影响。

本书的案例企业 DS 律师事务所虽有将律师事务所建设成为全国一流的律师事务所的战略目标，但是目标过于抽象，而且仅是由律师事务所的管理委员会共同商议而成，仅能代表律师事务所中的小部分律师对律师事务所发展情况的观察判断，并不能客观代表律师事务所整体，所以本书将从律师事务所作为专业服务企业的关键性资源——人力资源和客户关系两个方面对 DS 律师事务所进行 SWOT 模型分析，探讨 DS 律师事务所应制定的战略。

1. 优势

在客户关系方面，DS 律师事务所目前拥有一批稳定的客户群，他们来自各行各业，包括银行、四大资产管理公司、保险公司等金融机构以及众多行业的著名企业。其业务领域的范围也比较广泛，内部也有粗略的部门划分，包括诉讼仲裁部、法律顾问部、国际部、执行部、知识产权部、金融证券部、建筑法律事务部和房地产部。相比较其他律师事务所，DS 律师事务所的客户资源优势集中体现在拥有国有企业、房地产企业、轨道交通以及市场批发等行业的客户。另外，DS 律师事务所的一些律师还担任了行政机关以及事业单位的法律顾问，拥有这些客户让 DS 树立了优质的品牌形象。多元的客户让 DS 收获了稳定的收益，同时律师们在执业中秉持正直、专业、高效的企业价值观，也得到了客户众多的赞誉和表彰，已经初步建立了良好的企业品牌形象，拥有一定的品牌知名度。这些客户资源都是优秀的律师开拓的。

DS 律师事务所的人力资源优势也相对突出，第一，表现在律师队伍的体量上：全所律师共 136 人，涉及多项法律业务，执业律师、助理及行政辅助人员总和超过 250 人。第二，表现在合伙人和执业律师的高学历和高素质上，他们来自国内外著名高校，拥有良好的教育背景和丰富的法律知识。而且 DS 律师事务所鼓励员工不断学习，合伙人带头进修了硕士和博士学位，青年执业律师也不断进修，组织中注重学习蔚然成风，全所共拥有博士 6 人、硕士 50 人，3 名权益合伙人在执业中都攻读了博士学位，超过十位律师攻读了管理学等其他除法学以外的硕士学位，拥有了多元复合背景，为律师胜任一些非诉讼业务打下坚实基础。第三，表现在 DS 律师事务所的律师积极参与社会治理，多名律师在人大、政协以及社会团体担任职务，个人拥有较好的社会声誉。第四，表现在律师梯队搭配合理，既有年轻的实习律师和律师助理作为后备力量，也有经验丰富的合伙人和执业律师，均属年富力强之列，拥有充沛的精力和能力。

2. 劣势

客户关系方面的劣势有两点：第一，DS 律师事务所各合伙人仍然处于相对独立的地位，都选择紧紧把握住个人的客户资源不放。所以 DS 缺乏公共客户资源，虽然杜绝了"搭便车"等合伙人机会主义行为的发生，但是造成了律师事务所的虚化以及合伙人的强势，律师事务所受制于合伙人，如果某个重要合伙人退伙，律师事务所将遭受重大损失甚至解体。第二，DS 律师事务所很大部分业务属于客户的基础业务，中、高端业务不突出，如在涉外、证券法律业务上与拥有大量高端客户资源的国内著名律师事务所相比较存在很大的差距，这与 DS 律师事务所在人力资源方面的劣势相关。

在人力资源方面，DS 律师事务所的各业务领域发展并不均衡，大部分律师的专业能力不够"精"，许多律师的业务不仅是同质的，还集中于法律基础领域，没有形成律师事务所的内部专业分工。各执业律师习惯了"单打独斗"，并不能承接综合性的法律案件。而且 DS 缺少涉外、证券法律业务方面的专业人才，阻碍了 DS 拓展证券金融行业的中高端业务。

3. 机会

未来，还会不断产生新类型的法律服务品种，我国的法律服务业还有较大的成长空间。再加上 DS 律师事务所处于中国经济发展三极地之一——粤港澳大湾区,法律需求增长位居全国前列。经过 40 多年的改革开放,以及近年来"一带一路"倡议的提出,许多中国企业走出国门、走向世界,必然会使法律业务进一步扩展。我国法律体系已初步建成,法治的重点从有法可依转移到有法必依。这既为法律服务业提供了技术支撑,也加大了法律服务的广度和深度。公民法律意识增强,法律已成为公民日常生活和工作生产中越来越重要的管理方法,这也会给法律服务行业带来众多的业务。

4. 竞争

由于中国法律服务行业需求较大,国外大型律师事务所进入国内,他们拥有丰富的经验和国际一流的律师团队,抢占了许多高端法律业务。同时,有些国内律师事务所通过急速扩张或兼并已经成长为超大所,他们在全国各地都设立了分所,其品牌知名度对当地中小型律师事务所的生存造成打击。律师界的"二八现象"也越来越明显,超过 80% 的案源集中在 20% 的律师手中,尤其是在大型律师事务所的手中,大部分中小型律师事务所的发展不容乐观。

运用 SWOT 模型对 DS 客户关系和人力资源的优劣势以及外部竞争环境进行分析,可知 DS 经过 20 多年的发展已经拥有一定规模的稳定的客户群以及优秀的律师团队,并且创造了不错的绩效结果,但是也可以看到存在的不足——缺少高端领域业务的律师人才和客户。不同于普通的诉讼业务,这些高端业务正是目前法律服务行业超高利润的来源,这方面的缺乏阻碍了 DS 进一步扩大规模和提高盈利的能力。DS 律师事务所目前已经承办了多种业务,包括民事案件、商事案件、顾问服务以及非诉讼案件等,客户资源也来自各行各业,业务种类以及客户来源的多样为它实施多元化发展战略提供了条件。因此,DS 可以选择运用自身资源的优势把握外部环境的机会,继续按照多元化战略制定本律师事务所的发展目标和路径规划,战略目标可以定为坚持正直、专业、高效的价值观为客户提供服务,注重培养律师团队的素质,积极开拓金融、房地产等高端领域的客户,成为中国一流的律师事务所。DS 在战略实施上可以对已有一定基础的业务，加大培育和支持力度，保持专业性和领先地位，对于受到人力资源和客户资源制约的业务，可以通过引进专业人才或鼓励现有人才进行钻研来打破局限。当DS建立了专业化、多元化的人才队伍时，就能弥补目前高端客户资源缺乏的不足，建立自身多元化的竞争优势，进而成长为大型综合律师事务所。

第三节　绩效考核体系的中介作用分析

20世纪初，组织出于管理员工和控制产品质量的需要，迫切需要一种有效的工具来评估员工绩效，于是"绩效考核"就此诞生。绩效考核最初是被设计用来管理和控制员工，评估员工的工作表现，保证员工的工作进度和产出质量统一，后来绩效考核又被用来为员工的解聘、晋升和薪酬确定提供依据，迈尔（Meyer，1981）等人又进一步指出绩效考核的目的还包括管理者对下属进行绩效反馈和共同商讨改进不足的对策。基于绩效考核的种种功能，本书将探讨合伙制绩效考核体系对合伙制、战略管理是否起到了中介作用。

一、合伙制与绩效考核体系关系

前文已经分析过合伙制的所有权激励让合伙人尽心为律师事务所作出贡献，但也带来了"各自为政"的局面，各合伙人追求本团队的盈利，对律师事务所的发展却没有给予足够的重视，并没有出现强强联合的团队合作，所以经常会出现律师事务所大而不强的现象。就如本书案例公司DS律师事务所，虽然拥有众多的律师以及较长的发展时间，但始终没有实现内部专业分工，没有能力承接高端业务案源，在特色业务的打造上也较为薄弱，很多律师的业务都是同质化的。在这种松散的合伙制背景下，律师事务所的规模只表现为各合伙人团队盈利的数字的累计，个人拥有的资源比较独立，缺乏真正意义的融合，难以产生合伙的合力和增值。

相同情形还表现在律师事务所利益分配上，目前最普遍的利益分配方式是自收自支模式，合伙人和各执业律师在承担事务所的公共成本（承担比例由权益合伙人协商而定）并留足律师事务所发展基金后，团队和个人收入盈利归其自由支配。这种模式在初期能有比较好的经济效益，利润分配简单好操作、劳动与分配的因果关系非常清晰明确、多劳多得、对律师的约束少，能在初期吸引其他合伙人的加入，也避免了合伙人的"搭便车"行为。许多学者认为合伙制的利润分配是基于各合伙人确定的股份比例，而不是依据个人的绩效，将会导致"偷懒"行为的产生，严重影响合伙制的效率。各合伙人承担了执业的全部风险和成本，付出了很多努力，却只获得部分收益，打破了合伙人心中成本和收益天平的平衡，合伙人可能就会有消极怠工行为，放弃个人努力，转而依靠律师事务所中其他执业律师的收益，通过合伙比例就可以分得相对于其付出来说不错的收益，这将会大大打击青年律师的积极性，进一步造成人才流失。DS 律师事务所的利润分配机制避免了上述情况的发生，可供搭便车或偷懒的空间和方法是极少的，各合伙人可以获得其收益的绝大部分，付出越多的努力就意味着能获得更多的收益，鼓励合伙人不断拓展业务、保持稳定的收益。为了进一步避免搭便车行为的发生，DS 律师事务所进一步设立了监督机制，有专门的监督机构——纪律委员会，负责对全体合伙人执业活动的监督。但是这种分配模式并不利于组织的长远发展，缺点主要包含三点：第一，重分配、轻积累，仅抽取一定的成本费用，导致律师事务所缺乏必要的公共运营和发展资金，其规模扩大就会受到影响；第二，合伙人和各执业律师把提高收入放在首位，只考虑拓展客户，对组织缺乏关注，导致律师事务所难以对律师形成有效管理；第三，律师事务所极少有公共产品或公共利润可供合伙人使用或分配，降低了合伙人之间合作的可能性，各合伙人和执业律师将会一直习惯"单打独斗"的模式，难以充分发挥律师事务所的整体优势，不利于律师事务所接到大型高端客户。

上述情况都表明律师事务所并没有对合伙人实行有效管理，合伙制有"名存实亡"的趋势，律师事务所只是各合伙人团队和执业律师业务的简单叠加，没有产生整体优势，形成了松散的合伙制治理结构。同时因为合伙人手上都掌握了优势客户资源,这些客户服务已经占去合伙人的绝大部分时间,导致合伙人忽略了律师事务所的管理,对律师事务所的发展缺乏规划,许多律师事务所的日常经营活动都只是依靠合伙人的自觉,如对青年律师的专业培训。虽然律师事务所倡导合伙人应该积极参与培训,但没有制定培训标准和奖惩制度,结果只能依赖于合伙人个人的认知和觉悟,其效果肯定不尽如人意,这种情形长此以往将会导致律师队伍的青黄不接。各合伙人牢牢把握住核心客户资源,担心青年律师的成长会损害自身的利益,青年律师失去了上升的通道和成长的机会,就会离职,律师事务所流失人才,就逐渐丧失了竞争优势。

在松散的合伙制治理结构下虽然目前仍能有良好的绩效,但长此以往,合伙人日益强势,律师事务所的发展受制于合伙人,将不利于律师事务所的发展壮大。合伙人们可以考虑借助绩效考核解决这个难题,平衡计分卡从财务、客户、内部业务流程、学习与成长四个方面评估绩效,克服了绩效评价过度依赖财务指标的局限,能够全面评估合伙人的表现和对组织的贡献,以此为基础可以实现公平的利润分配。本书的绩效考核并非针对普通执业律师,而是针对合伙人,所以要综合考虑合伙人参与绩效考核来分配利润的顾虑和担忧。首先,平衡计分卡必须全面评估合伙人的表现,要求绩效考核指标设置必须完整,不仅包括重要的财务指标,还要包括合伙人参与律师事务所日常经营活动的表现指标。其次,绩效考核体系的公平性还体现在其确立必须获得合伙人的一致认可,尤其是各指标对应的加分数和最后利润分配金额的转换。由于律师服务的特点,平衡计分卡的建立需以客户和业务需求为导向,财务维度会反映合伙人在各项业务上的收入,这是最直观体现合伙人对律师事务所贡献的指标,除收入之外,律师需要维系与客户的战略伙伴关系,客户维度可以考核合伙人在客户资源方面的表现,特别是统计老客户和新客户数量,展现合伙人在重要的维护和拓展客户资源方面的绩效表现;内部业务流程维度指标的设定旨在考核合伙人在标准服务流程和质量上的表现,合伙人需要对服务过程加以管理保证服务质量的稳定、提高客户满意度;学习与成长维度需要反映合伙人在个人学历提高和获得荣誉方面的表现,同时因为合伙人是团队领导，所以需要考虑将团队成员的成长和合伙人开展的培训纳入考核范围，这主要属于合伙人对律师事务所未来成长潜力的投入，既促使律师事务所合伙人采取措施提高个人学习能力，提高个人的核心竞争力，也关注组织整体知识水平提高，建立完整的人才梯队，避免人才断层。通过平衡计分卡的绩效评估，不仅合伙人之间可以进行横向对比，合伙人还可以与历史进行竖向对比，帮助合伙人发现自己的优势和劣势，把关注重点转向其个人如何提高综合竞争力上来，不再仅关注盈利指标，同时其中的律师事务所管理指标也促使合伙人重视律师事务所后备力量的成长。

合伙人拒绝分享资源的一部分原因是合伙人资源的分享并不能带来公平合理的回报，还会使自身流失客户、收入减少。合伙人在共同建立律师事务所之初就已经拥有了稳定的客户群，后来这个客户群不断扩大，因为他们与律师本人联系紧密，客户群就完全成了独属于合伙人本人的资源，这是合伙人盈利的主要来源，也是合伙人身份的根基，合伙人认为分享客户资源就是把盈利完全交给别人，减少了自己的收益，所以合伙人一般会拒绝分享资源。

为了解决这个难题，本书的案例企业 DS 律师事务所进行了成功的尝试，公司建立了利润分享制度，如果一项业务有介绍合伙人和经办合伙人，则业务收入的 30% 归前者，70% 归后者，拥有人际关系资源和实际处理业务的合伙人都能从中获利，促进了合伙人之间的合作，每个律师都有自己擅长的业务领域，通过互相介绍资源帮助律师事务所实现内部专业分工。本书认为，解决合伙人顾虑的另一方法是设定相对公平的绩效考核制度，它必须能够完整地反映合伙人的各项资源（包括客户资源、人力资源、社会资本资源）及其比重，然后体现合伙人在律师事务所转化资源和创造新资源的努力，而且考核的结果必须与合伙人的利益分配相挂钩，合伙人分享资源也能为自身带来盈利。在这方面，平衡计分卡拥有其独特优势：它相对公平地体现各合伙人贡献的资源和力量，而不会局限于合伙人的资金出资额或合伙比例。特别是对于创收的考核权重安排相对合理，既不是唯收入论，又充分考虑到收入这个最终指标的重要性。长此以往，有助于律师事务所实现内部分工，经验丰富的合伙人负责开拓客户资源，青年律师则负责客户业务服务，实现律师事务所内部资源的整合，形成合力，实现更好的绩效。

在对18位合伙人的访谈中，"贵所认为对合伙人绩效考核的重要性程度"题项平均得分为3.61（SD=1.243），说明大多数律师事务所认为对合伙人的绩效进行考核是必要的。合伙人往往是每个律师事务所的优秀律师，代表了律师事务所的水平，其个人的盈利能力直接影响了律师事务所的收入。所以对合伙人开展绩效考核也是激励合伙人继续为律师事务所作出贡献，而不是直接以合伙人身份分享利润。

二、战略管理与绩效考核体系

许多制定了战略最终却失败的企业将失败归咎于错误的战略，但是真正的原因并不是其制定的"错误"的企业战略，而是企业在制定战略后忽视了战略实施措施的重要性，战略没有在组织中被有效地实施。所以有学者提出以战略为导向的绩效管理，将战略目标、措施与企业的绩效管理过程相结合，确保企业的战略有效实现，管理者可以根据企业的战略目标阐明预期绩效，通过绩效考核检查战略的执行情况，确保战略实施方向的正确，对发生的偏离也可以进行有效控制。以战略为导向的绩效管理通常以战略目标的实现为衡量标准，而企业制定的战略目标通常比较抽象，是公司整体的发展方向，将战略目标进行拆分就是一组目标体系，包括组织的不同层级、不同部门的发展目标，目标之间又相互关联（程卓蕾、孟溦等，2010），普通的绩效考核体系难以衡量这个复杂的目标体系。此外，实施组织战略对公司绩效的影响具有长期性和不确定性特点，通常需要企业在一个较长的时间内坚持实施战略措施，才有可能带来绩效的变化，所以战略管理带来的变化难以在短时间内体现在公司绩效的财务指标增长上，增加了战略管理的绩效评估难度。

平衡计分卡可以帮助管理者解决这个难题，它集战略绩效评价和控制功能于一体，从四个维度评估绩效，实现了组织的短期目标与长期目标的平衡，将绩效影响因素和战略目标相结合，综合考虑了组织在财务绩效指标和代表组织未来成长潜力的非财务指标上的表现（谢艳红、徐玖平，2005）。借用平衡计分卡进行绩效考核，管理者可以完全了解企业的战略、各层次的目标与目标值，组织战略取得的效果也会体现在平衡计分卡的各指标变动上，帮助管理者尽早发现和解决组织问题。合伙人既是组织战略的制定者，同时作为律师事务所重要的骨干成员、律师事务所的领导者，也是组织战略贯彻的主要执行者，建立合伙人绩效考核体系可以考察合伙人在实现组织战略目标方面的贡献，既起到了引领其他律师事务所成员的作用，又能保证企业战略的顺利实施。将战略目标拆分为平衡计分卡四个维度指标，为每个合伙人设立目标值，鼓励合伙人不断提升自己，实现组织战略目标。

三、绩效考核体系与企业绩效关系

平衡计分卡被管理者广泛采用的原因不仅在于其绩效测量的功能，还在于它能够帮助企业建立战略执行的框架，在组织战略目标和实施措施之间建立了一个清晰的路径，同时将整体目标拆分给各团队和个人，他们就会清楚知道自己在组织中的职责以及要努力实现的目标，这也是平衡计分卡的开放性特点——动员全部员工一起帮助组织实现既定目标，每个员工都可以在组织战略实现的道路上贡献自己的力量。平衡计分卡中的目标设定属于对员工的发展式考核，阐述了个人的绩效目标与组织绩效目标的关系，起到激励员工不断提高自我并积极开展合作的作用。此外，平衡计分卡从四个方面评估绩效，充分考虑了非财务指标，满足了合伙人提出的"绩效考核要包含合伙人的各类贡献""对非财务指标进行量化"等需求。所以律师事务所开展以平衡计分卡为核心的绩效考核能相对全面衡量合伙人的各类贡献，有助于合伙人们发现自己的优势和不足，促进合伙人之间开展合作以取得更好的绩效。从将组织战略拆分为平衡计分卡目标开始，到合伙人之间召开会议探讨工作进展和组织发展情况，再到绩效考核评价环节，再到从考核结果发现不足，最后实现绩效结果改进，如此便是以战略为导向的绩效管理过程。

对合伙人进行绩效考核得到了律师事务所员工的支持，在本研究回收的 DS 律师事务所员工调查问卷中，"公司对合伙人的绩效考核体系有利于公司绩效"题项的平均得分为 3.9（SD = 1.091），说明律师事务所员工普遍认可对合伙人开展绩效考核工作，绩效考核对合伙人以及其他员工都有激励作用，有利于律师事务所取得更好的绩效。除此之外,"公司对合伙人的绩效考核体系能吸引更多人才加入"题项的平均得分为 3.75（SD = 1.105），表明 DS 律师事务所员工认同对合伙人进行考核对组织外部的人才也能产生吸引力。因为绩效考核不仅是对合伙人个人的要求，也指出了律师事务所的未来发展方向，包含了合伙人为了律师事务所发展应做出的贡献，有助于合伙人不断提高自己的综合素质，更关注律师事务所多方面的发展，员工的学习与成长会得到合伙人的支持，更重视顾客满意度，为客户提供高质量、专业的服务，团队的合作将会变得普遍，所以在这种趋势下律师事务所能树立更好的品牌形象，拥有更好的声誉，有利于吸引人才加入。

综上所述，绩效考核体系有利于改变合伙制中各合伙人"各自为政"的局面，帮助合伙人通过共享资源来获得收益，而且合伙人也会关注自身全方位的发展；通过绩效考核，合伙人可以得到战略实施的目标和效果，从而让合伙人主动坚持或改变策略来保证组织战略的有效实施；平衡计分卡的目标设定功能能够激励合伙人努力工作以及团队合作的行为，所以，绩效考核体系在合伙制、战略管理影响绩效中起到了中介作用。

四、DS 律师事务所绩效考核体系

前文对 DS 律师事务所业务现状的 SWOT 分析确定了发展战略与愿景，DS 律师事务所可以实施多元化发展战略，坚持正直、专业、高效的价值观为客户提供服务，注重培养律师团队的素质，积极开拓金融、房地产等高端领域的客户，成为中国一流的律师事务所。笔者通过阅读大量关于律师事务所绩效评价的文献，并通过对 DS 律师事务所多位合伙人的访谈，结合发展战略和远景目标，力求设计出一套较为完善的合伙人绩效考核体系。

在设计 DS 律师事务所合伙人绩效考核体系时，本书遵守以下两个原则：

第一，DS 律师事务所合伙人的绩效管理是激励型的，绩效考核体系必须体现正向激励。激励型绩效管理主要由合伙人的个人地位、律师的工作性质和 DS 律师事务所所处企业生命周期阶段决定，DS 律师事务所的合伙人都是优秀的律师，他们都已经在各自的业务领域取得不错的成就，且是律师事务所的高级管理者，所以管控型的绩效考核体系并不适用于成熟的合伙人，将会打击合伙人的积极性。同时，律师的工作就是根据客户的需要提供服务，"工作质量"很大部分取决于律师个人的认知和判断，不同客户的需要并不相同，律师的任务就是运用自己的知识为客户提供"定制化"的服务，律师的能动性在其中起到了重要作用，所以无法为律师的工作制定严苛型的绩效考核体系，而且如果绩效考核体系是条条严格的规定将限制律师个人才能的发挥。DS律师事务所是处于成长期的综合律师事务所，还有很大的成长空间，在这个时期需要充分调动成员的工作积极性，保证合伙人作为核心员工的稳定，激励型绩效管理可以鼓励合伙人不断提升自我，合伙人可以感受到来自组织的支持，增强对组织的认同感。这个原则要求绩效考核体系必须是正向激励的，指标的设定既要考虑律师的工作性质，又要考虑合伙人认为重要的因素，在指标评定过程中尽可能多地设置正向加分项，减少负向减分项，可以体现合伙人在某些指标上的突出表现或贡献，激励合伙人继续发挥个人长处。

第二，遵循SMART原则。绩效目标的设定必须满足SMART原则的五点要求：(1)具体的（Specific），指绩效指标必须是具体的。抽象空泛的绩效评价最终会流于形式，绩效指标的设定必须选定工作的某一具体侧面，参与绩效考核的成员就会对这个指标有统一的认知。(2)可衡量的（Measurable），指绩效指标必须可以用数值衡量或化为行动被观察到。客观的绩效评价对象必须是已经表现出来的行动，评价者无法得知被评价者合伙人的主观看法，只能针对已经成为事实的行动进行评价，所以合伙人绩效考核的对象是合伙人已经达成的成就或业绩，比如合伙人的收入或客户对合伙人满意度的打分。(3)可实现的（Attainable），指绩效目标的设定要考虑被评价人的能力，目标是可以实现的，目标过高或过低都不是有效的绩效考核。在设立具体的各指标目标值前，充分了解各合伙人的实际状况，通过召开绩效会议共同讨论绩效目标的设定，了解合伙人对自己的发展规划，再结合律师事务所的战略目标，尽量获得合伙人的认同，设立合伙人付出努力就能达到的目标。(4)相关的（Relevant），指的是考核指标的设置必须与目标是相关的。

这个要求意味着考核指标最好是成体系的，每个指标都与最后的组织战略目标相关联，当合伙人个人完成这些目标值后就能为组织实现企业战略目标作出贡献，平衡计分卡设计者将最终的战略目标进行拆分，根据不同合伙人的具体情况，将目标分配到每个合伙人身上，保证每个指标之间相互关联，都指向最终目标的实现。(5) 有时限的 (Time bound)，指的是为绩效指标完成设定确定的期限。绩效考核一般是一年一次或半年一次，目标值的设定需要考虑到这个期限，设定一定期限范围内需要达成的目标，而且明确的时间范围可以让合伙人更有紧迫感，促进合伙人更积极有效率地完成绩效指标。

明确上述原则后，可以首先设计 DS 律师事务所的战略地图，借助战略地图描绘战略，将最终的战略目标进行拆分，展现各指标之间的因果关系。DS 律师事务所要建设成为国内一流的律师事务所，从财务层面来看，主要体现在律师事务所的盈利水平上，所以在财务层面设置了盈利水平指标，各合伙人在这一层面实现了良好的绩效，最终律师事务所的绩效也能有一个增长。律师的收入主要来自客户，保持老客户的数量并不断发展新客户基本就能实现律师收入的增长，考虑到律师事务所处于法律服务行业，收获客户的满意对于律师本人和律师事务所的长远发展都十分重要，既能让老客户反复购买律师的服务，同时也能建立良好的口碑和形象来吸引新客户。律师稳定老客户、发展新客户首先可以选择提供高质量的服务，合伙人运用自己丰富的专业知识和实践经验为客户提供指导和建议，按照既定流程服务客户，帮助客户了解整个服务流程，也能让客户对"产品质量"有自己的判断，有助于提高客户对律师服务的满意度评价。实现客户层面的客户满意度指标有时还需要律师的附加或增值服务，合伙人在与老客户建立紧密联系的同时，可以通过回访老客户等行动，了解老客户的需求，有可能会收获老客户的新业务或者新客户。同时，法律服务本身具有社会属性，律师更多地参与到公益活动中去将会帮助律师事务所树立良好的品牌形象，提高律师事务所的知名度，比如国内某些知名律师事务所会举办诸如捐助贫困山区、免费法律咨询等活动，在社会上获得了大众的赞誉，有利于律师事务所吸引新客户。以上所有指标和目标的实现都需要律师本人的学习能力作为基础，所以在学习与成长层面需要考察合伙人的专业素质，合伙人不断学习和拓宽专业知识领域可以承接多领域的案件，同时也可以为客户提供更专业、更高质量的服务。又考虑到各合伙人作为律师事务所的领导者，对合伙人会有不同的要求，各执业律师可以依靠"单打独斗"展开工作，但是合伙人负有团结律师事务所的职责，局限于个人发展将难以带领整个律师事务所成长，所以合伙人的业务展开要尽量体现律师之间的协作，绩效考核需要设置指标考察合伙人的团队协作能力。合伙人拥有较强的团队协作能力不仅能凝聚团队，实现资源的整合，还有利于客户增值服务的展开，多元背景的律师团队能够满足客户多方面的业务需求。根据上述各层面和指标的关系设计的 DS 律师事务所的战略地图如图 5-1 所示，并以此为基础设计考核指标。

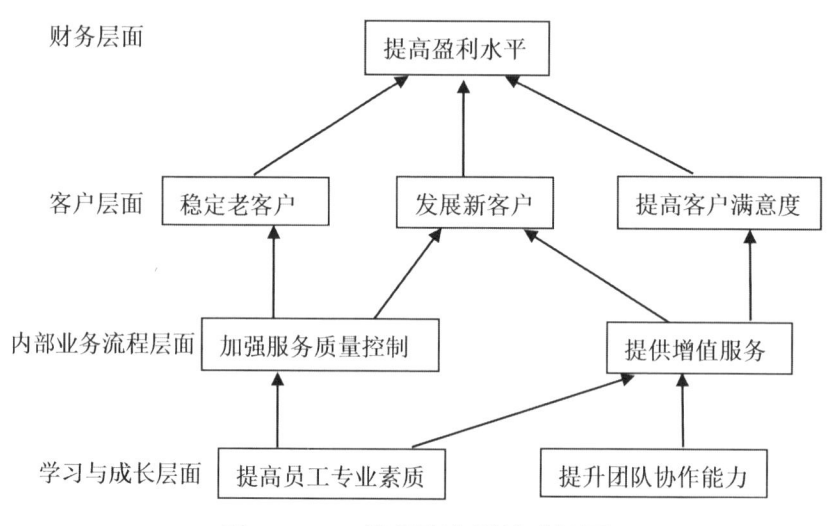

图 5-1　DS 律师事务所战略地图

因为要遵循绩效指标的具体原则，本书将平衡计分卡的维度分解为两级绩效指标，一级绩效指标是各维度测量的总体方向，二级绩效指标是具体可测量的指标，每个指标都可以通过合伙人的行为表现统计得出。平衡计分卡的设计还要得到合伙人的一致认可，律师事务所可以召开绩效考核会议共同商讨平衡计分卡指标的更改。在投入实施后，DS 律师事务所可以考虑将包含了许多二级合伙人的管理委员会作为执行机构，负责统计各合伙人在各指标的表现，并最终形成一份完整的绩效考核说明表。在年终盘点的时候，根据各合伙人平衡计分卡的最终贡献分进行利润分配，只有在财务收入和律师事务所管理方面都贡献较多的合伙人才能获得最高的收入。

第四节　合伙意愿调节作用的量化与质性分析

因为事务所的关键性资源人力资本和客户关系并不具备产权特性，所以事务所控制关键性资源不流失是非常困难的，而事务所的发展完全依赖人力资本，所以在现实中，事务所这类企业通常赋予拥有优势客户资源的员工股权激励，通过分享企业利润和给予管理权力来协调这些高素质员工为企业服务，激励员工进行专用性人力资本投资，这是保留事务所关键性资源人力资本的重要途径。此外，根据生命周期规律，随着合伙人的年龄增长，精力必然发生衰退，心理状态也不能继续维持原来的巅峰状态，他们对工作投入的时间和精神的质量、关注度都开始逐渐减弱，其专业知识与技能也会随之衰退，过度依赖于个别合伙人的律师事务所也会因此而衰落。合伙人的衰老必然伴随着其个人专业知识与技能的衰退，合伙人掌握的客户关系等人际关系资源也同样因为老合伙人无法满足他们变化多样的需求而面临原地踏步或衰退的风险。为了保留和拓展这些优势客户资源，晋升年轻的新合伙人来辅助或代替老合伙人成了大多数律师事务所的选择，老合伙人可以将这些重要的客户关系资源介绍给新合伙人，新合伙人接手这些资源不仅可以避免资源衰退，还可以进一步扩展新的资源。原合伙人通常都拥有较强的人际关系网，主要致力于客户开拓，提拔新合伙人可以专注于业务办理。这种内部分工将使原合伙人充分发挥客户资源禀赋优势，新合伙人发挥专业优势，实现强强联合、整合资源的利益最大化。

因此，许多律师事务所会设置晋升制度，满足条件的律师将会获得合伙人身份。本书的案例企业 DS 律师事务所将合伙人分为两级：权益合伙人和二级合伙人。权益合伙人是 DS 律师事务所的出资人，对律师事务所的盈利亏损承担无限连带责任，是真正的合伙人身份。二级合伙人是事务所中的骨干，但不对律师事务所出资，也不对律师事务所的盈利亏损承担责任，他们有机会晋升权益合伙人，是合伙人的储备人选。DS 律师事务所设置的晋升二级合伙人条件如下：

第一，认同律师事务所的理念，这是最基本的条件。

第二，满足基本的道德要求。

第三，拥有一定的资源基础。

对于二级合伙人晋升到权益合伙人，DS 律师事务所进一步强调以下两个要求：

第一，独立自主、拥有管理才能。

第二，合作和利他精神。

合伙人通常是事务所最高决策和管理的核心成员，承担着事务所合伙人会议、管理委员会、监事会等具体的治理职能，对事务所内部决策、管理发挥着非常重要的作用，所以合伙人是绝大部分律师职业发展的最终目标，从律师助理成长为合伙人就是律师职业发展的上升空间，属于合伙制治理结构对员工的激励。

从第三章表 3-1 相关系数表中的数据看出，合伙制治理认知与律师的合伙意愿高度相关（相关系数=0.76），说明合伙制治理结构对律师的激励是显著的，合伙制下律师们普遍拥有较高的合伙意愿，这个晋升激励会对律师的工作态度和行为绩效产生积极影响。因为目前许多律师事务所将律师收入作为律师晋升合伙人的主要指标，所以为了得到现有合伙人的认可，律师需进行前置的人力资本专用性投资，努力提升自己的专业素质，积极开拓客户以获得更多的收入。因此拥有较强成为合伙人意愿的律师将会更加努力工作，为律师事务所作出贡献。在本次对 DS 律师事务所 61 位律师的问卷调查中有 60 位不是合伙人，"如果有机会，我愿意成为公司的合伙人"题项的平均得分为 3.78（SD=1.027），表明大多数律师都希望获得合伙人身份，这既体现个人杰出的业务能力，也意味着能参与更多律师事务所的管理事务，拥有影响他人的权力，这种激励对绝大多数律师都适用。

合伙人拥有较强的合伙意愿对律师事务所也十分重要。DS 律师事务所问卷调查中的唯一的合伙人非常满意自己的合伙人身份，在"我现在是公司的合伙人，不想改变合伙人身份"题项的选择是满分 5 分，非常同意题项的表达。合伙制的本质是合伙，是一群拥有相同经营理念的人自愿将拥有的人力和客户资源结合，建立起共同体，在这其中合伙人的合伙意愿起到决定性作用。合伙人的合伙意愿对律师事务所的生存和发展十分重要，主要是因为合伙人通常都拥有优势客户资源。律师与客户的关系非常紧密，律师事务所最初的业务主要来自各合伙人带来的客户资源，合伙人的离开也会带走关键客户资源，所以合伙人的出走不仅意味着律师事务所流失关键人力资源，还包括一部分客户群，给律师事务所的盈利造成重大打击。所以，合伙人的合伙意愿将直接影响组织的存在与否，各律师事务所合伙人在访谈中也谈到组织会重视合伙人的合伙意愿，"合伙人的合伙意愿是先决条件"，"合伙人都拥有较强的合伙意愿，组织才能够有凝聚力"。合伙人对于自身合伙人身份的认同，表明他对企业有较强的归属感，感知到与企业合作得到的收益和资源要大于不合作的收益，同时企业外部也没有更好的替代选择，否则他会选择跳槽或者自己创业从而独享企业全部剩余价值。所以律师事务所需要注重合伙人的合伙意愿，激励关键人力资源与企业保持合作，鼓励拥有较强合伙意愿的合伙人共享资源，增强组织内的合作以创造更多价值，最后通过绩效考核体系切实保证合伙人分享与企业合作所产生的收益，在这个过程中合伙人和企业实现双赢，最终帮助企业取得更好的收益。

综上所述，合伙人身份是对律师的有效激励，拥有较强合伙意愿的律师们会通过努力工作提高绩效以获得合伙人身份，这将会体现在合伙人绩效考核结果中，同时合伙人绩效考核体系也为现有合伙人公平共享利益提供参照，发挥了合伙制的优势，克服其松散的现状，证明了合伙意愿调节合伙制治理结构与合伙制绩效考评体系的正向关系。合伙人拥有较强的合伙意愿意味着律师事务所可以通过激励合伙人与律师事务所保持合作、共享资源，帮助律师事务所取得更高的绩效，以平衡计分卡为核心的绩效考核体系在其中起到了促进合作和公平分配利润的作用，体现了合伙制绩效考评体系的中介作用。

第五节　个体学习和组织学习的调节作用分析

随着外部环境日益复杂化和企业之间竞争的加剧，企业正面临着前所未有的挑战，管理者认识到只有组织拥有敏锐的观察力发现机遇和威胁，并不断学习新知识、不断创新，才能适应内外部环境的变化，已经建立的竞争优势才不会被竞争对手模仿或打击。越来越多中国企业认识到了组织学习的重要性，并开展了这方面的实践，有些企业提出了创建学习型组织的口号。组织学习和学习型组织是两个相互区别又相互联系的概念，学术界对两者的概念的界定众说纷纭，本书认为组织学习更侧重的是过程和行为，学习型组织主要是一种组织形态，个体学习和组织学习构成了学习型组织的基础，创建学习型组织的实践活动可以促进组织学习和个体学习的过程或行为的加快和改善。具体来说，组织学习是指组织为了实现自己的目标或适应环境的变化，个体、团队、组织不断学习新知识的行为，在这个过程中组织自身也不断产生和总结新知识，组织对新知识进行整合、总结、传播成为组织的制度。学习型组织撤销了组织中的等级和权威，组织扁平化更有利于企业根据环境的变化做出调整，组织的目标需要个人、团队和组织的共同努力形成组织的合力，有学者认为学习型组织也蕴含着一种组织文化：倡导不断学习、不断改进和发展。

有众多学者支持组织学习研究的能力取向，强调任何组织都存在组织学习行为，有些组织的组织学习是有意识的，有些是无意识的，主要区别在于组织间学习能力的强弱（于海波、方俐洛等，2003）。关于组织学习作用分析，陈国权（2005）等人经过定量实证研究确定企业的 7 个组织学习能力为发现能力、发明能力、选择能力、执行能力、推广能力、反馈能力、知识管理能力，它们的强弱对组织绩效有明显的正向影响作用。陈国权（2006）等人又通过对 2305 家中国企业的调查分析进一步论证了组织综合学习能力对企业综合创新成效、综合竞争优势、财务、运作、客户和员工方面的竞争优势都有显著和正面的影响。所以组织学习对组织绩效有正向影响，组织学习能力的提高可以带来企业竞争优势的提高。

组织学习的概念是从个体学习的概念发展而来的，个体学习包括认知和行为的改变，组织学习和个体学习的内涵的主要区别在于组织学习的内涵中还包括组织体系的改变。组织学习虽然在学习行为、方式上不同于个体学习，但组织学习的开展离不开个体学习的参与，而且组织学习的效果如果没有个体学习也无法实现，个体和组织相互融入、产生了相互作用，才有组织学习行为的产生。陈国权（2008）将组织层面已经建立起来的组织学习概念和能力模型推广到个人层面，采用 244 个样本数据进行了统计检验，得出个人学习能力越强，任务和情景绩效成绩越优，个人学习能力的强弱会直接影响到个人绩效。

律师事务所作为知识密集型服务企业，不同于传统的服务企业，其对专业知识依赖程度非常高，知识在企业中占有非常重要的地位，要求作为关键资源的员工不仅需具备扎实的理论素养，更需要顺应企业发展趋势，提升主动学习意识和自身学习能力，所以律师事务所员工应注意自身获取知识的能力。在本次调查的 DS 律师事务所 61 位青年律师中，有超过 60% 的被调查者都表示自己善于从外部获取知识和经验、得到咨询意见和指导以及通过各种渠道（如图书、网站等）获取知识，表明律师都非常注重自身学习能力中知识获取能力的提升。律师们提高个人专业知识水平主要是依靠学位进修，因为在法学研究生阶段会有不同专业领域的划分，比如有知识产权和金融证券法律专业的区分，律师们通过系统的学校学习可以掌握有关专业领域的知识，为承接复杂案件打下基础。个体学习能力的 9 个分能力相互影响，知识获取能力的提高可以影响其他发明能力、执行能力等能力的提升，综合学习能力的提升帮助律师更好地为客户服务、增加个人收益。通常律师事务所对合伙人绩效考核中，也会评估合伙人自身知识、技能的提高，笔者在对各律师事务所合伙人访谈过程中询问了各律师事务所对合伙人的学习能力的考核，"对合伙人学习与成长进行考核的重要性程度"题项的平均得分为 4.06（SD = 0.639），各律师事务所都认为考察合伙人的学习成长很重要，各律师事务所会根据合伙人发表论文、出版著作、取得学位的情况对合伙人的绩效进行加分，这体现了律师事务所对合伙人成长的关注。在合伙人个体学习方面，DS律师事务所已经取得了优秀的成绩，3位权益合伙人都已经取得法学博士学位，有合伙人正在进修管理学博士学位，这不仅体现合伙人对自身专业知识提高的重视，同时他们也会侧重多元知识的获取，不仅有利于承接金融证券等高端领域的案件，还有利于履行其律师事务所管理的职责。合伙人通常都是律师事务所的优秀律师，可以代表整个律师事务所的知识水平，其个人提高专业知识水平不仅可以更好地服务客户，也有利于提升其个人的知名度。因为客户通常无法判断律师提供的服务质量，当他们在选择律师的时候会注重一些客观的指标，比如学历，人们普遍认为学历能够代表一个人的知识水平，所以律师取得更高的学历可以获取客户的信任。DS律师事务所合伙人都具备较高的学历也有助于律师事务所树立良好的品牌形象，可以扩展更多客户以取得更多收益。

  律师事务所的员工注重提高个人知识获取能力是基础，组织本身也非常重视组织学习能力的培养，个体学习和组织学习两者相互关联、相互促进。从第三章表3-1相关系数表中的数据看出"组织学习能力"和"个体学习能力"的相关性较强（相关系数=0.63），表明个体学习和组织学习相互影响，个体学习能够带动组织学习能力的提高，组织学习能力强的组织也能促进成员个体学习能力的增强。从组织学习角度来看，律师事务所已经采取了多种措施提高组织学习能力，在本研究对律师事务所合伙人的访谈中，有多家律师事务所合伙人表示会举办业务讲座和培训，通常是邀请经验丰富的合伙人对青年律师进行培训、讲课，侧重组织内部知识分享。此外，也有一部分律师事务所合伙人表示律师事务所会通过外出学习交流或者与国外大型律师事务所合作的形式获取知识。这些都与法律行业的特殊性有关，有合伙人表示"法律行业会面临频繁出台的新规，事务所要快速学习新规，才能在行业中站稳"，也有合伙人认为"律师事务所天生就是学习型组织，组织不及时更新知识就会僵化"。DS律师事务所的61位律师调查结果也证实了组织对知识获取能力的重视，有超过60%的被调查者认同组织善于通过多种渠道从外部获取知识、得到咨询意见，具体结果如表5-3所示。所以，从16家律师事务所访谈结果以及问卷调查可以得知，律师事务所作为知识密集型企业会较重视组织学习能力中的知识获取能力和传递知识能力。

表5-3 对本律师事务所组织学习能力评价统计表

题项	完全不同意（%）	不同意（%）	不一定（%）	同意（%）	完全同意（%）
公司善于从外部获取知识和经验	4.9	11.5	18.0	37.7	27.9
公司善于从外部得到咨询意见和指导	3.3	8.2	23.0	32.8	32.8
公司善于通过各种渠道（如图书、网站等）获取知识	4.9	9.8	18.0	36.1	31.1

除律师事务所所处行业以及其知识密集型特点要求其不断提高个体和组织学习能力，合伙制治理结构对其组织学习能力也有显著影响，从第三章表3-1相关系数表中的数据看出"合伙制治理认知"与"组织学习能力"高度相关（相关系数=0.67）。前文已经讨论合伙制的晋升、利润分配、所有权机制可以激励律师不断提升自我以获取合伙人身份和更多的利益，他们会有更强的个人学习动力，当组织中的个体都拥有这种学习动力，组织就会形成学习的氛围，组织学习能力也随之提高，所以合伙制机制对组织学习能力也有正向影响作用。

个体和组织学习能力在合伙制绩效考核体系和公司绩效的关系中间起着调节作用。平衡计分卡将企业的战略目标转化和分解为四个维度的具体目标和评估指标，组织还可以结合个体特点或岗位要求将其进一步分解成个人或岗位目标进行贯彻和测量，最终战略结果会体现在平衡计分卡指标的变化上。同时平衡计分卡还有战略反馈程序，平衡计分卡的结果将直接反映战略实施状况，给予管理者反馈，这个程序包括单环学习和双环学习。当绩效结果与预期目标一致即产生匹配，或需要改变策略和行动来纠正不匹配时，就发生了单环学习，即一个反馈回路：保持组织目标不变，管理者只需调整行动策略以达到预期结果。当发现调整策略无法改变绩效结果的时候，就要考虑战略错误的可能，管理者需要重新判断当前的战略目标的本质、制定依据以及所处的内外部环境的变化，找出是考核过程存在问题，还是战略与实际情况出现偏差，抑或是环境出现较大的变化等，对原有的战略内容或目标进行调整，再重新实施新的战略，制定新的战略措施和方案，最后平衡计分卡的指标内容以及目标也要做相应的调整，这样对根本战略进行调整的过程就形成了另一个环状的反馈学习过程即双环学习。以上过程便是组织学习过程中"发现"环节到"执行"环节，当平衡计分卡考核的对象是个人时，这个过程也是个体学习的过程。借助平衡计分卡的结果，律师事务所合伙人"发现"了其个人或组织发展中存在的潜在问题或不足，进一步着手找出解决问题的方法步骤就是"发明"，解决方法在"执行"阶段得到有效实施，比如某合伙人从平衡计分卡得出近一段时间新客户数量较少，原因在于他在处理老客户的案件上耗费了太多时间而错过了新客户更高利润的业务，合伙人便可以考虑将部分老客户的业务分享给其他青年律师，自己直接分享利益，合伙人则会有更多时间和精力去拓展新客户，当合伙人持续从这个改变中获利时，就会改变该合伙人的想法，其他合伙人的观念和行为在他影响下也随之改变，合伙人们不再紧紧抓住客户资源，而是学会通过分享资源和合作来获得利益，实现了最后的"推广"环节。当企业拥有较强的组织学习能力，可以有意识地通过管理实践活动（如创建学习型组织）来推动组织学习，使组织学习得更快、更好，加快平衡计分卡后战略学习环节，能快速地发现各种机会和威胁（发现能力），并从内部和外部获取知识和信息（发明能力），采取新的措施去满足组织成长的需求（选择能力）、增强竞争优势，并将获取的新知识或经验教训传播到组织内部更大范围（推广能力）。所以，较强的个人和组织学习能力，合伙制绩效考核体系对律师事务所绩效的正向作用更强。正是因为用平衡计分卡对合伙人进行考核，合伙人才能发现个人和组织的不足，再通过个体学习和组织学习的过程改进实施措施，合伙人个人和组织的学习能力影响了改进的速度和质量，因此个人和组织学习调节了合伙制绩效考评体系在合伙制、战略管理与律师事务所绩效的中介作用。

组织学习是过程，学习型组织是一种组织形式，创建学习型组织离不开个体学习、团队学习和组织学习。律师事务所作为一个知识密集型企业，由高学历、高素质员工组成，他们都擅长学习新知识，拥有足够的学识解决问题和总结经验，拥有这些个体学习能力强的成员，组织便拥有了创建学习型组织的基础，律师事务所可以通过一系列创建学习型组织的措施进一步推进组织学习能力和个体学习能力的提高。通过问卷调查和合伙人访谈结果分析，DS律师事务所目前已经拥有了创建学习型组织的基础，个体和组织基本都有学习行为，表现在合伙人发现现有的利润分配模式阻碍了律师之间互相推荐业务，便改进了利润分配方式，维护了推荐人的利益，又体现在律师事务所员工都非常重视个人专业知识能力的提高。但是目前这些学习行为仅停留在潜移默化的影响和被影响层面，大部分学习行为还是无意识的，DS律师事务所合伙人要重视提高个体学习能力和组织学习能力对组织保持竞争优势的重要性，可以从以下几个方面提高个体、组织学习能力，创建学习型组织：

第一，合伙人提高个人学习能力，建设学习型合伙人团队。合伙人作为律师事务所的管理人员，必须起到引领作用，组织学习才能在组织中开展。合伙人以自己的学习带动组织的学习，通过学习开展管理工作，借助平衡计分卡工具发现不足、改善自身、实现均衡发展。同时，只靠一两个合伙人去推进组织学习，工作将会难以广泛深入开展，所以需要所有合伙人都参与到建设学习型组织中去，树立危机意识、从多种途径发现内外部环境的变化，并判断变化对于组织来说是机会还是威胁，用创新和发展的眼光选择具体可操作的方法，合伙人还要有分享精神，将知识在组织中扩散，形成相互学习、交流的组织氛围，这些知识最终成为组织的制度。

第二，宣传愿景和目标，引导成员不断提升自我。律师事务所首先要对组织、对成员的现状有深入的了解与认识，根据组织的资源和能力确定律师事务所的战略定位和目标，必须体现个人和组织的价值和追求，以此来引领、激励律师事务所员工，鼓励他们不断提高个人素质、自我改进、超越自我，如此也有助于律师事务所中形成鼓励进步成长的企业文化。

第三，搭建学习平台，完善学习制度。律师的专业知识决定了其服务质量，所以律师在积累经验的同时，也应该不断提高自身的知识水平。DS律师事务所的大部分律师处理的业务比较宽泛，缺少"精""专"的律师，所以律师可以通过专注于某一领域的专业知识，建立起自己的竞争优势，也能帮助 DS 律师事务所实现内部专业分工。律师事务所还可以加大培训力度，因为之前一直忽视培训的重要性，导致 DS 律师事务所已经出现了人才断层的情况，合伙人和执业律师不管是从个人学历知识还是客户数量来看都存在巨大差距。律师事务所可以借助平衡计分卡对合伙人参与培训的情况进行考核，要求每位合伙人每年必须对青年律师展开两次培训活动，有利于律师事务所形成固定的培训机制，提高职工的知识水平和业务能力。

第六节　研究命题的提出

随着我国法治建设进程的加快，法律业务量大幅度增加，业务领域也随之扩大，从传统的诉讼和法律顾问业务，扩展到金融证券、破产重整和对外投资等领域，法律行业迎来发展的良好机遇。但是需求的增长也促进了行业的竞争，律师从业人员数量快速增长，出现了一大批规模律师事务所，甚至有一些国外一流律师事务所进入中国市场，竞争越来越激烈。许多律师事务所合伙人意识到传统的管理模式已经难以适应竞争激烈的外部环境，律师事务所的长远发展需要探索科学的管理方法，这是帮助律师事务所提高绩效和实现组织长远发展的根本路径。本书首先从律师事务所的合伙制组织形式入手，结合合伙人选择合伙制的原因讨论其合理性和必然性，再从合伙制对效率和绩效的影响角度进行分析，合伙制能够帮助律师事务所降低内部治理成本，且其利润分享、分工和晋升三大内部治理机制也有利于律师事务所提高运营效率，所以合伙制治理结构对组织绩效有正向的影响作用。

合伙制下各合伙人相对独立，仅关注自身所在团队的发展，而对律师事务所整体的成长发展缺少规划，律师事务所并没有建立起竞争优势，所以无法保证稳定的利润，也无法灵活应对外部环境的机遇和威胁。本书提出律师事务所应该基于资源基础观理论，根据拥有的资源分析组织的优势和劣势，依照分析结果制定公司战略目标和策略,从而帮助律师事务所建立竞争优势、发展本所特色优势法律业务,推动公司绩效的提高。为了保证合伙制治理结构和公司战略在组织中顺利实施,本书提出以合伙制绩效考核体系作为中介变量,探讨合伙制的利润分享机制和公司战略的实施间接通过合伙制绩效考核体系对组织绩效的影响。本书认为选取平衡计分卡作为合伙人绩效考核工具,能够激励合伙人分享资源并依照平衡计分卡考核结果分配利润,还能为企业建立战略执行的框架,激励员工不断提高自我并积极开展合作。除此之外,本书还发现个人合伙意愿在合伙制治理结构和合伙制绩效考核体系之间起到调节作用,表现为较强的合伙意愿,合伙制治理结构对合伙制绩效考核体系的正向作用更强,这是因为有较强合伙意愿的员工更愿意与企业保持合作,律师事务所可以鼓励合伙人共享资源,以平衡计分卡结果分享利润,帮助企业创造更大价值。合伙制绩效考核体系和组织绩效之间的关系也可以通过个体和组织学习能力来调节,个体和组织学习能力越强,合伙人和组织则可越快根据平衡计分卡结果改进不足、调整策略,所以合伙制绩效考核体系对律师事务所绩效的正向作用更强。

基于案例分析,本书可归纳得到研究命题的关系图示,如图5-2所示。其中,虚线代表的是分割且关联的上下两个层次。在虚线以下,是个体层次的两个构念:合伙意愿和个体学习能力。在虚线以上,则是组织层次的五个构念,分别是:合伙制治理结构、公司战略、合伙制绩效考评体系、组织学习能力、律师事务所绩效。

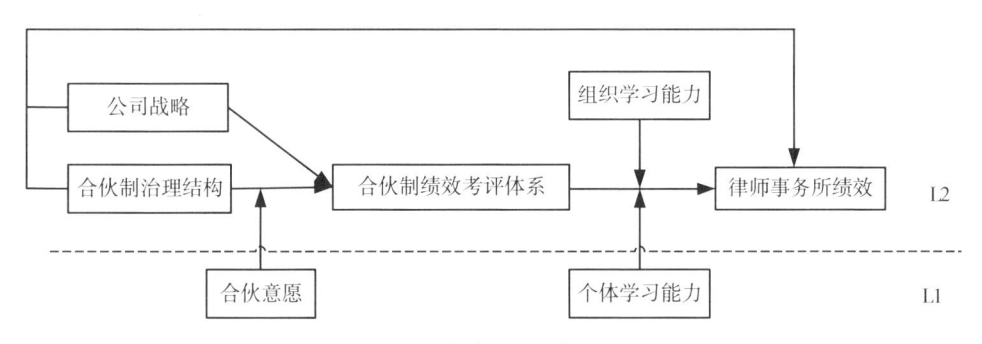

图5-2 本书研究命题图示

组织层次的五个构念构成了一个路径，即公司的战略和合伙制治理结构对律师事务所的最终绩效起到正向作用，是决定公司绩效的两个重要因素。但是要保障公司的绩效目标达成，还需一个公平合理的科学考评体系，能够把公司的战略目标分解，并通过自下而上层次保障，平衡计分卡就是一个最佳选择。可以说，平衡计分卡是把公司战略和合伙制治理结构与公司绩效连接的最满意管理制度体系，起到桥梁中介的作用。但是，要使主效应和中介作用发挥更大的作用，还需要加强管理氛围，即营造情境的正向激励氛围。因此，从组织层次分析，可以针对律师职业和律师事务所的完全竞争外部环境，建设学习型组织。同时，从个体层次，鼓励年轻的律师进步，符合条件成为合伙人。在这个过程中，个体一定要提升自己的学习能力，优秀的、有较强学习能力的律师越多，越有可能挑选到最具竞争优势的合伙人，从而公司的竞争优势越强，公司的绩效也会更高。

综上所述，本书的五个命题归纳如下：

命题1：合伙制治理结构对律师事务所绩效具有显著影响。

命题2：公司战略对律师事务所绩效具有显著影响。

命题3a：合伙制治理结构通过合伙制绩效考评体系的中介作用影响律师事务所绩效。

命题3b：公司战略通过合伙制绩效考评体系的中介作用影响律师事务所绩效。

命题4a：合伙意愿调节合伙制治理结构与合伙制绩效考评体系之正向关系。具体而言，较强的合伙意愿，合伙制治理结构对合伙制绩效考评体系的正向作用更强，反之，该作用更弱。

命题4b：合伙意愿调节合伙制绩效考评体系在合伙制治理结构与律师事务所绩效的中介作用。具体而言，较强的合伙意愿，合伙制绩效考评体系的中介作用更强，反之，该作用更弱。

命题5a：个体/组织学习能力调节合伙制绩效考评体系与律师事务所绩效正向关系。具体而言，较强的个体/组织学习能力，合伙制绩效考评体系对律师事务所绩效的正向作用更强，反之，该作用更弱。

命题5b：个体/组织学习能力调节合伙制绩效考评体系在合伙制治理结构与律师事务所绩效的中介作用。具体而言，较强的个体/组织学习能力，合伙制绩效考评体系的中介作用更强，反之，该作用更弱。

命题5c：个体/组织学习能力调节合伙制绩效考评体系在公司战略与律师事务所绩效的中介作用。具体而言，较强的个体/组织学习能力，合伙制绩效考评体系的中介作用更强，反之，该作用更弱。

第六章
理论贡献和管理启示

第一节　理论贡献

本书的研究逻辑是归纳分析，运用以案例研究方法为中心的混合研究方法，以 DS 律师事务所为重点研究对象，基于行业内的深度访谈和案例企业内的历史文档资料和问卷调查数据，回顾了 DS 律师事务所在 20 多年的发展过程中存在的问题和积累的经验。在企业理论、资源依赖理论、平衡计分卡理论、学习型组织构建理论的指导下，归纳了企业战略、合伙人制度、平衡计分卡绩效考评体系与公司绩效的关系路径，以及员工的合伙人意愿、学习能力的情境因素的作用机制，目的在于不断总结经验，吸取教训，改善公司的管理制度，同时也对理论尝试做出一些贡献。

一、对企业理论和公司战略理论的贡献

企业理论的核心问题之一是"企业属于谁"，只有解决了这个问题，才能解决盈利的分摊问题。最初的共识是企业属于资本所有者，盈利全部归属于资本所有者。但随着讨论的深入，大家意识到企业属于资本所有者和从业者共同所有。但是这种治理结构容易出现"大锅饭"的现象，尤其是在依靠人力资本运营的律师事务所，如果公司的所有员工都能分享公司的利润，不利于调动那些获得律师从业资格的高端人才的积极性。合伙制治理结构在实践中被证实是行之有效的制度安排，可以维持事务所的可持续发展。

但是，律师事务所的市场环境基本上是一个完全竞争的态势，事务所必须有战略思考和战略规划，提前做好准备，才能在动态竞争的市场环境中维持一个不断提升的竞争优势。本书的理论贡献之一在于把合伙制治理结构与公司战略结合在一起，探索分析一家以合伙制治理结构为特征的律师事务所，还需要关注另一个重要支柱——战略思考，前者是必要条件，后者是充分条件，只有具备了充分必要条件，公司才能不断提升自身的竞争力，保持可持

续性发展。因此，本书的第一个理论贡献是把企业理论与公司战略结合在一起，提供了一个归纳性的实证分析证据，尝试做出两个理论结合在一起的解释。

二、对平衡计分卡理论的贡献

平衡计分卡强调传统的财务会计模式只能衡量过去发生的事项，但无法评估企业前瞻性的投资。因此，必须改用一个将组织的愿景转变为一组由四项观点组成的绩效指标架构来评价组织的绩效。此四项指标分别是：财务、客户、内部业务流程、学习与成长。设计平衡计分卡的目的是要建立"实现战略制导"的绩效管理系统，从而保证企业战略得到有效执行。因此，人们通常称平衡计分卡是加强企业战略执行力的最有效的战略管理工具。在实践中也证明了平衡计分卡能有效解决制定战略和实施战略脱节的问题，堵住了"执行漏斗"。发展至今，平衡计分卡系统包括战略地图、平衡计分卡以及个人计分卡、指标卡、行动方案、绩效考核量表，等等。

但是该理论忽视了组织的治理结构所发挥的重要作用。如果没有具有激励员工积极性的组织治理结构，没有解决好企业属于谁的问题，一个组织即使有很好的战略规划，在战略实施的过程中肯定也存在员工内心不配合的现象。当律师事务所的核心骨干律师成为合伙人，一方面他们会积极参与公司战略制定的思考过程，另一方面也会积极配合公司去实现该战略。因此，本书的第二个理论贡献在于为平衡计分卡提供了一个重要的前提变量，即除了战略规划和战略执行力之外，还需要根据公司的特征设计合适的公司治理结构，才能保障平衡计分卡理论在实践中的有效实现，保证公司绩效目标的达成。

三、对学习型组织理论的贡献

学习型组织理论认为，如果一个企业组织拥有有机的、高度柔性的、扁平化的、符合人性的、持续的学习能力，该组织的执行力就越强。可以理解为学习型组织具有学习和进步的组织氛围，在这种组织氛围之中，员工会自我超越、改善心智模式、建立共同愿景、团体学习、系统思考（即五项修炼），其中以系统思考为核心。针对以知识密集为特征的律师事务所，学习型组织的构建至关重要。

但是过去的理论分析和实证分析中，缺乏将学习型组织的构建与组织绩效结合在一起的实证研究，尤其是律师事务所的案例研究。本书的第三个理论贡献在于将学习型组织氛围作为情境因素，去分析律师事务所构建了合伙制治理结构，同时有明确的公司战略情况下，学习型组织所发挥的情境作用。本书的研究结论丰富了学习型组织理论，探索了学习型组织理论发挥作用的系统因素，即需要构建合适的治理结构，公司高层要有清晰的战略规划，同时要能调动所有员工的平衡计分卡考核体系，配合学习型的组织氛围，律师们在与客户沟通时更能理解客户的需求，参加公司问题的识别并共同解决问题，公司的战略目标才能实现，进而保障公司的可持续发展绩效。

第二节　管理启示

基于以上结论，本书对律师事务所的内部管理带来一些管理启示，有助于帮助律师事务所在激烈竞争的环境中建立竞争优势，提高组织绩效。

1. 认清合伙制的实质，充分发挥合伙制的优势。

律师事务所的本质是"人合"，合伙人一般是律师事务所中最优秀的律师，是律师事务所重要的资源，为了律师事务所的稳定发展，应该重视合伙人的合伙意愿，保证合伙人的利益，激励合伙人与组织保持合作。在日常经营活动中，也要充分考虑每一位合伙人的意愿和想法，鼓励合伙人之间展开合作，有利于团结合伙人，增强组织的凝聚力。

为了改变目前律师事务所"粗放式"的管理，各合伙人应该重新认清合伙制的实质，切实落实合伙制的利润分享、分工、晋升三大内部治理机制，思考公平的利润分配方式，在律师事务所内部实现专业分工，为执业律师设置固定的晋升合伙人通道和机制，才能实现资源整合，真正发挥合伙制的优势。

2. 基于组织的资源制定合适的战略，并运用平衡计分卡在组织中贯彻落实战略。

律师事务所要想在行业中脱颖而出，需要建立竞争优势，可以对本所拥有的人力资源和客户资源的优势和不足进行分析，选择合适的战略。在贯彻和落实战略的过程中，可以建立本所的平衡计分卡作为战略实施的参照。设定各指标的目标值，对组织目前的客户、内部业务流程、财务和学习与成长四个维度进行评价，再制定具体实施措施改进不足、实现战略目标。

3. 运用平衡计分卡分配利润，促进个人和组织的全面发展。

目前合伙人分配利润的形式使合伙人只关注客户资源和收益的增长，组织难以对各合伙人和执业律师形成有效管理。律师事务所可以运用平衡计分卡作为合伙人分配利润的依据，平衡计分卡从四个方面全面衡量合伙人对组织的贡献，又照顾到个人贡献的差异，可以调动合伙人发展的积极性，从而使合伙人充分发挥个人长处和优势为组织做贡献，组织也可以对各合伙人的优势资源进行整合。

4. 创建学习型组织，提高个体和组织学习能力。

法律条文的不断更新与变化要求律师事务所和律师不断学习，律师应该主动获取知识和信息，提高专业知识能力，律师事务所可以通过设置奖励制度鼓励律师不断学习，形成良好的学习氛围。律师事务所也要重视组织的成长与发展，提高发现内外部环境变化、选择合适管理策略、执行推广新措施等方面的能力，以便帮助组织改进不足、适应不断变化的环境，实现组织长远发展。

本书为律师事务所改进和创新管理模式、提高组织绩效水平提供了可行的途径，具有一定的理论参考和实践意义，但是本书分析的主要依据是某一线城市16家律师事务所合伙人的访谈结果和61位来自 DS 律师事务所的律师的问卷调查结果，仅能代表本地律师事务所的发展状况，对于其他地域和不同特性的律师事务所不一定具有适用性。后续的学者可以将不同地域和不同类型的律师事务所分开讨论，探讨不同类型、规模的律师事务所提高绩效的途径，或者收集更多的数据和案例，研究这些管理机制的可行性问题以及在实际应用过程中的操作性问题。

第三节　研究结论和研究局限

随着我国法律服务市场的逐步开放和依法治国的推进，我国法律服务行业蓬勃发展起来，律师事务所迎来了发展的机遇。律师事务所数量的不断增多，国际一流律师事务所的涌入，进一步推动了法律服务行业的蓬勃发展，但律师事务所间的竞争也越来越激烈。这一环境的变化并未引起律师事务所管理模式的变化，许多律师事务所仍是"粗放式"的管理模式，律师事务所的业务很多是依靠各执业律师的"单打独斗"，没有出现团队化和专业化发展，这类律师事务所最终将会因没有竞争优势而被市场淘汰。所以，律师事务所必须改变"粗放式"的管理模式，运用现代管理学理念和方法建立本所的竞争优势，打造出专业化、规模化和品牌化的律师事务所，才能在竞争激烈、不断变化的市场中立足。

1. 研究结论

通过对数据的分析，本研究不仅填补了律师事务所管理方法和策略的研究空白，还回答了当前律师事务所应改变松散的合伙制治理结构和"粗放式"的管理模式的问题，对律师事务所成长发展、提高组织绩效具有一定的实践指导意义。本书针对第一章提出的四个研究问题，得到以下四个研究结论：

第一，合伙制治理结构对律师事务所的组织绩效有正向的影响作用，是以"人合"为基本特征的律师事务所治理结构之必然选择。在中国，大部分律师事务所的组织形式是合伙制。因为律师事务所本质上是"人合",其经营风险和对声誉的看重促使律师们更倾向于合伙制,经验丰富的合伙人也倾向于选择合伙制保证自身资源的相对独立性,而且合伙制治理的利润分享、分工、晋升三大机制能够帮助组织降低内部代理成本、提高运营效率,所以合伙模式能够帮助组织提高绩效水平。在本研究中,对律师合伙人的访谈和DS律师事务所的问卷调查结果都证实,无论是基于组织层面还是个人层面,合伙制在组织中都起到了激励作用,促进了个人的成长发展,保障了企业绩效增长。

第二,处于多变的完全竞争市场环境中,为了保持竞争优势,达成公司经营目标,公司战略有正向作用。公司战略是基于全局和长远发展的规划,制定和实施战略能够帮助律师事务所建立起竞争优势、适应外部环境的变化。律师事务所的关键资源是人力资本和客户关系,两者是组织竞争优势建立以及组织利润的主要来源,所以本书认为律师事务所应该采用战略管理理论的资源基础观,分析组织资源的优势和劣势,再结合外部环境的机遇和挑战,选择合适的战略,建立组织的竞争优势,有利于律师事务所在行业中脱颖而出,取得更好的绩效。本书利用SWOT分析框架对DS律师事务所目前的资源状况进行分析,认为DS律师事务所应该坚持多元化发展战略,注重培养律师团队的素质,在内部形成业务专业分工,积极开拓高端领域的客户,成为中国一流的律师事务所。

第三,基于合伙制和公司战略,需要有一个能够体现其两者本质特征的绩效考评制度,才能在律师事务所日常经营中保持正确的方向、理顺内部管理流程,并激励知识型员工,平衡计分卡是最佳选择。本书发现合伙制和战略管理的优势并没有在DS律师事务所过去的管理过程中体现出来,是因为缺乏促进资源整合和战略执行的工具。合伙制带来了合伙人"各自为政"的局面,各合伙人仅关注所在团队的发展,忽视了律师事务所整体的成长,导致律师事务所难以发挥组织的整体优势,不利于律师事务所综合竞争力的提高。此外,在这种松散的管理模式下,许多执业律师的业务是同质性的,有时甚至会有激烈的内部竞争损耗。在公司战略方面,有些律师事务所已经制定了完整的战略体系，但是因为缺少战略实施环节而最终使战略成为"空中楼阁"，不具有实践性，并没有起到帮助组织建立竞争优势、适应外部环境的作用。DS律师事务所试行平衡计分卡绩效考评体系之后，已经初步解决了以上问题。平衡计分卡可以全面衡量合伙人对律师事务所的贡献，以此来分配利润，可以改变目前分配模式下各合伙人紧抓客户资源、青年律师发展受限的局面，促进合伙人分享资源、展开合作，发挥团队资源整合的力量，形成律师事务所的合力，不仅保证了合伙人原有的收益，还能作为团队的一分子承接大型高端业务。平衡计分卡还构建了战略执行的框架，将战略目标进行拆分，平衡计分卡指标设定也综合考虑律师的服务特性和最终战略目标，制定好平衡计分卡后依据目前各合伙人具体情况设定了目标值，方便合伙人直接参与到战略管理中来，起到带头引领的作用。而且组织战略取得的效果也会体现在平衡计分卡的指标变动上，管理者可以尽早发现和解决组织问题。同时，对合伙人进行绩效考核属于发展式考核行为，目标的设定可以激励各合伙人凝聚力量，实现组织绩效目标。

此外，合伙意愿在合伙制治理结构和合伙制绩效考核体系之间起到调节作用。因为人力资本不具有产权特性，所以律师事务所只能协调这些高素质员工为企业服务，合伙人一般都是律师事务所优秀的骨干律师，他们都掌握着优势客户资源，是律师事务所成立的基础，合伙人合伙意愿的强弱直接关系到律师事务所的存在和发展，所以律师事务所需要重视合伙人的合伙意愿。对于合伙人来说，有较强的合伙意愿是对自身合伙人身份的认同，感受到与组织合作的价值，表明他对组织有归属感，此时才能更好地发挥合伙制的优势，在组织中形成真正的紧密的"合伙"，再通过平衡计分卡实现资源和利润共享。

第四，建设和维持学习型组织的氛围是一个很好的情境因素。即个体和组织学习能力在合伙制绩效考核体系和组织绩效之间起着调节作用。访谈和问卷调查结果显示，律师事务所作为知识密集型企业非常重视组织和个人获取知识和信息的能力，这个直接关系到组织和个人的生存发展。个体和组织学习能力越强，合伙人和组织则可越快根据平衡计分卡结果发现不足、寻找方法、调整工作或管理策略，有利于组织不断发展进步，实现绩效目标。

2. 研究局限

当然，本书还存在一些局限。首先是案例研究本身的局限性，即案例研究在方法论上存在一个固有的局限性。任何研究方法均会在内、外部效度的平衡性上做一些取舍。因此，本书基于案例研究方法得出的相关命题，在外部效度上存在固有的局限性。尽管如此，鉴于中国律师事务所存在许多共性问题，本研究的相关结论至少在律师事务所的合伙制治理结构、公司战略、绩效考评体系、学习型组织的构建和组织绩效之间的关系阐述是有借鉴意义的，这相对弱化了本研究在外部效度方面的局限性。

其次是研究命题所展示的关系及其适用性具有一定的局限。对于案例研究来说，划定理论模型的适用边界非常重要。实际上，本书所提出的相关命题，也存在理论适用边界。具体来说，本书是基于采用合伙制治理结构的律师事务所案例研究，因此本书的相关结论仅被证实适用于采用了合伙制治理结构的公司，在其他类型治理结构的公司中的适用性尚待考证。

最后，由于本书作者的能力及时间限制，就本书所涉及命题均有待作进一步的深入研究，以使其对实践有指导意义，如律师事务所将合伙人资源转化为集体资源并在此基础上如何创造新的独有资源的路径及其方法等。

附　录

附录 A 律师事务所合伙人访谈问卷

一、事务所基本情况

1. 贵所名称：
2. 贵所成立日期：
3. 贵所所处类型：
□个人所　□合伙所　□综合所　□专业所
4. 贵所业务特色：
□诉讼业务为主　□非讼业务为主　□刑事业务为主
5. 贵所规模：
　　5.1 律师人数：_____人
　　5.2 合伙人数：_____人
　　5.3 营业额：□500万—3000万元　　□3000万—5000万元
　　　　　　　　□5000万—10000万元　□10000万元以上

二、事务所合伙制

6. 贵所是否有合伙人晋级、退出制度：
□有　□无
7. 您认为律师事务所的治理结构（合伙制）重要吗？

三、事务所战略管理情况

8. 贵所认为战略管理的重要性程度为：
□非常重要　□很重要　□重要　□不太重要　□不重要

9. 贵所是否有自己的发展战略规划：

☐有　　☐没有

10. 贵所经常召开关于事务所发展战略的内部会议吗？

☐一年一次或一次以上　　☐两年一次　　☐从来不开

11. 贵所采取了哪些战略举措（本题可多选）：

☐大量储备专业人才　　　　　☐积极到外地或国外开设分所

☐专注于自身优势，塑造专业品牌　☐积极开展兼并与合并活动

☐积极开拓新的业务领域　　　　☐律师培训

☐努力寻求与国际知名律师事务所合作

☐开始聘请其他行业专家，确保为客户提供全方位服务

☐业务讲座

☐后续教育

☐学习交流

☐其他战略措施：_____

12. 您认为公司的战略与公司的绩效有关系吗？

_____

四、合伙人的绩效考核

13. 贵所认为对合伙人绩效考核的重要性程度为：

☐非常重要　☐很重要　☐重要　☐不太重要　☐不重要

14. 贵所对合伙人的业务创收考核的重要性程度为：

☐非常重要　☐很重要　☐重要　☐不太重要　☐不重要

15. 您认为对合伙人的绩效考核体系应该如何设计？应该有哪些指标？

_____

16. 贵所对合伙人学习与成长进行考核的重要性程度为：

☐非常重要　☐很重要　☐重要　☐不太重要　☐不重要

五、合伙人的合伙意愿

17. 您认为合伙人的合伙意愿重要吗？它会对公司的业务和管理产生影响吗？

六、个体和组织学习

18. 您认为个体学习和组织学习的生存和发展重要吗？

附录 B　DS 律师事务所员工调查问卷

尊敬的女士/先生：您好！

感谢您抽时间协助我的研究，这是一项关于公司合伙制治理与公司绩效关系的研究调查问卷。题项没有预设正确或错误答案，请您根据自己的判断进行填写即可。问卷是匿名的，仅仅是学术探讨。谢谢！

一、个人基本信息（请在您的选项前□上打钩，并在空格上填写）

1. 您的性别：□男　　　□女
2. 您在公司工作的年限：＿＿＿＿＿＿年。

二、有关公司合伙制的态度

[单选] 请在最能代表您意见的数字上画"○"或者打√。

3. 您认为公司的合伙制管理实践效果如何？	完全不同意	⇔	完全同意
a. 与其他行业相比，我们公司的合伙制最适合	1　2　3　4　5		

b. 我们公司合伙制管理有利于保障公司的绩效	1	2	3	4	5
c. 与其他行业相比，公司的合伙制是优势之一	1	2	3	4	5

完全不同意 ⇔ 完全同意

d. 如果有机会，我愿意成为公司的合伙人	1	2	3	4	5
e. 我现在是公司的合伙人，不想改变合伙人身份	1	2	3	4	5
f. 正因为公司有合伙制，我选择了加入公司	1	2	3	4	5
g. 与同行业相比，我们公司的合伙制是真实的	1	2	3	4	5

完全不同意 ⇔ 完全同意

h. 公司对合伙人的绩效考核体系有利于公司绩效	1	2	3	4	5
i. 公司对合伙人的绩效考核需要改善	1	2	3	4	5
j. 公司对合伙人的绩效考核体系能吸引更多人才加入	1	2	3	4	5

完全不符合 ⇔ 完全符合

k. 公司善于从外部获取知识和经验	1	2	3	4	5
l. 公司善于从外部得到咨询意见和指导	1	2	3	4	5
m. 公司善于通过各种渠道（如书、网站等）获取知识	1	2	3	4	5
n. 我善于从外部获取知识和经验	1	2	3	4	5
o. 我善于从外部得到咨询意见和指导	1	2	3	4	5
p. 我善于通过各种渠道（如书、网站等）获取知识	1	2	3	4	5

参考文献

一、著作类

[1] [美] 阿姆瑞特·蒂瓦纳：《知识管理精要：知识型客户关系管理》，电子工业出版社 2002 年版。

[2] [英] D. S. 皮尤：《组织理论精粹》，中国人民大学出版社 1990 年版。

[3] [美] R. 科斯、A. 阿尔钦、D. 诺斯：《财产权利与制度变迁》，上海人民出版社 1994 年版。

[4] [英] 安妮·布鲁金：《第三资源——智力资本及其管理》，赵洁平译，东北财经大学出版社 1998 年版。

[5] 包亚明：《布尔迪厄访谈录——文化资本与社会炼金术》，上海人民出版社 1997 年版。

[6] [美] 彼得·德鲁克：《卓有成效的管理者》，求实出版社 1985 年版。

[7] [美] 彼得·圣吉：《第五项修炼——学习型组织的艺术与实践》，中信出版集团 2018 年版。

[8] 陈晓萍、徐淑英、樊景立：《组织与管理研究的实证方法》，北京大学出版社 2008 年版。

[9] 冯奎：《学习型组织：未来企业成功的模式》，广东经济出版社 2000 年版。

[10] [美] 弗朗西斯·福山：《信任：社会美德与创造经济繁荣》，海南出版社 2001 年版。

[11] 高良谋：《管理学高级教程》，机械工业出版社 2015 年版。

［12］［美］亨利·汉斯曼：《企业所有权论》，于静译，中国政法大学出版社 2001 年版。

［13］李宝元：《人本管理经济学》，中国财政经济出版社 2019 年版。

［14］李超平、王桢、毛凯贤主编：《管理研究量表手册》，中国人民大学出版社 2016 年版。

［15］［美］理查德·L. 埃贝尔：《美国律师》，胡显耀译，中国政法大学出版社 2001 年版。

［16］［美］罗伯特·S. 卡普兰、戴维·P. 诺顿：《组织协同》，商务印书馆 2010 年版。

［17］［美］罗伯特·S. 卡普兰、戴维·P. 诺顿：《战略地图》，刘俊勇、孙薇译，广东经济出版社 2005 年版。

［18］［美］马斯洛：《人类激励理论》，载石含英、王荣祯主编：《世界管理经典著作精选》，企业管理出版社 1995 年版。

［19］［美］迈克尔·波特：《竞争优势》，中信出版社 2014 年版。

［20］［丹麦］尼古莱·J. 福斯等编：《企业万能——面向企业能力理论》，李东红译，东北财经大学出版社 1998 年版。

［21］［美］斯蒂芬·P. 罗宾斯：《管理学》（第四版），黄力伟等译，中国人民大学出版社 1997 年版。

［22］腾威：《合伙法理论研究》，人民法院出版社 2013 年版。

［23］张维迎：《企业理论与中国企业改革》，北京大学出版社 1996 年版。

二、论文类

［24］曹艳爱：《企业多元化与专业化战略选择的思考——基于企业资源能力理论的分析》，载《改革与战略》2009 年第 6 期。

［25］曹志东：《山西 FW 律师事务所全方位营销策略研究》，山西大学 2016 年硕士学位论文。

［26］陈东：《中等规模律师事务所分配制度初探》，载《晟典律师评论》2009 年第 1 期。

［27］陈刚：《内蒙古三恒律师事务所激励机制研究》，内蒙古大学 2011 年硕士学位论文。

［28］陈国权、李赞斌：《学习型组织中的"学习主体"类型与案例研究》，载《管理科学学报》2002 年第 4 期。

［29］陈国权、马萌：《组织学习的过程模型研究》，载《管理科学学报》2000 年第 3 期。

［30］陈国权、郑红平：《组织学习影响因素、学习能力与绩效关系的实证研究》，载《管理科学学报》2005 年第 1 期。

［31］陈国权：《复杂变化环境下人的学习能力：概念、模型、测量及影响》，载《中国管理科学》2008 年第 1 期。

［32］陈国权：《学习型组织的组织结构特征与案例分析》，载《管理科学学报》2004 年第 4 期。

［33］陈国权：《学习型组织整体系统的构成及其组织系统与学习能力系统之间的关系》，载《管理学报》2008 年第 6 期。

［34］陈国权：《组织学习和学习型组织：概念、能力模型、测量及对绩效的影响》，载《管理评论》2009 年第 1 期。

［35］陈和、蔡晓珊、隋广军：《专业服务企业研究：知识经济背景下的重要议题》，载《社会科学》2014 年第 11 期。

［36］陈和、陈立：《治理模式与专业服务企业绩效——以美国 100 强会计师事务所为例》，载《审计与经济研究》2015 年第 4 期。

［37］陈和、蒲惠荧、隋广军：《从控制到协调：企业治理目标的演进》，载《产经评论》2011 年第 5 期。

［38］陈和、隋广军：《合伙制人力资本密集型企业研究：一种古老治理模式的复兴》，载《南京社会科学》2011 年第 6 期。

［39］陈静：《知识服务产业社会资本理论与实证研究》，复旦大学 2007 年博士学位论文。

［40］陈向明：《质性研究的新发展及其对社会科学研究的意义》，载《教育研究与实验》2008 年第 2 期。

[41] 陈晔：《M 律师事务所客户关系管理改善研究》，天津大学 2016 年硕士学位论文。

[42] 程守太：《有限责任合伙律师事务所研究》，西南财经大学 2010 年博士学位论文。

[43] 程卓蕾、孟溦、齐力等：《构建测量组织战略绩效的指标体系方法研究》，载《科研管理》2010 年第 3 期。

[44] 董开军：《是合伙而不是法人——合作制律师事务所法律性质新探》，载《法学杂志》1991 年第 2 期。

[45] 杜德斌、曹红军、王以华：《企业绩效研究的理论基础与研究方法：基于 SMJ 和 AMJ 文献的分析》，载《科学学与科学技术管理》2010 年第 2 期。

[46] 方立新、王勇：《与 WTO 相适应的律师事务所基本模式探讨》，载《中国法学》2001 年第 5 期。

[47] 冯巨章：《产权、管理与企业绩效》，载《中国工业经济》2003 年第 5 期。

[48] 傅强：《论律师事务所资本与公司制治理》，湘潭大学 2003 年硕士学位论文。

[49] 高昆仑：《基于 EVA 综合记分卡的 YD 律师事务绩效管理体系研究》，山东理工大学 2015 年硕士学位论文。

[50] 葛徐：《基于资源观的会计师事务所合伙人激励研究》，财政部财政科学研究所 2013 年博士学位论文。

[51] 葛徐：《会计师事务所合伙人的晋升与退休机制研究》，载《中国注册会计师》2013 年第 3 期。

[52] 关德铨：《谈谈合伙制事务所的管理模式》，载《中国注册会计师》2000 年第 4 期。

[53] 郭亮：《企业战略实施管理研究》，载《特区经济》2005 年第 9 期。

[54] 郭培民：《基于企业资源论的母子公司性质及管理策略研究》，浙江大学 2001 年博士学位论文。

［55］贺小刚、徐爽：《策略性绩效管理研究评述》，载《外国经济学与管理》2007 年第 4 期。

［56］胡奕明：《人合观与资合观下的有限责任制和合伙制之比较》，载《中国注册会计师》2004 年第 9 期。

［57］黄少安：《经济学研究重心的转移与"合作"的经济学构想——对创建"中国经济学"的思考》，载《经济研究》2000 年第 5 期。

［58］江术元、马春光：《资源基础观的战略管理理论的发展与前景》，载《经济问题探索》2009 年第 8 期。

［59］蒋天颖、施放：《企业组织学习维度结构的实证分析》，载《浙江社会科学》2008 年第 5 期。

［60］焦豪：《双元型组织竞争优势的构建路径：基于动态能力理论的实证研究》，载《管理世界》2011 年第 11 期。

［61］金鑫：《公司制律师事务所之构想》，载《中国律师》2003 年第 3 期。

［62］孔冬仙：《XS 律师事务所的薪酬体系设计研究》，电子科技大学 2014 年硕士学位论文。

［63］李桂英：《律师执业赔偿制度的几个问题》，载《中国法学》2000 年第 2 期。

［64］李丽：《U（西安）律师事务所的竞争战略研究》，西北大学 2019 年硕士学位论文。

［65］李喜云：《基于平衡计分卡的会计师事务所绩效评价体系研究》，载《会计之友》2019 年第 1 期。

［66］李相杰：《Honor 律师事务所薪酬体系再设计》，山东大学 2013 年硕士学位论文。

［67］李小鹏：《律师事务所激励机制研究——以 NRF 律师事务所为例》，对外经济贸易大学 2018 年硕士学位论文。

［68］李延喜、李宁：《评价企业战略价值的现金价值法》，载《中国软科学》2003 年第 11 期。

［69］连婕：《KY 律师事务所半公司化管理模式研究》，昆明理工大学 2013 年硕士学位论文。

［70］廖中平：《我国律师事务所公司化管理研究》，湘潭大学 2018 年硕士学位论文。

［71］刘桂良、唐松莲：《进入权理论下的会计师事务所股权设置》，载《审计与经济研究》2005 年第 5 期。

［72］刘锦辉：《冀华律师事务所学习型组织建设研究》，河北科技大学 2018 年硕士学位论文。

［73］刘静：《山东舜翔律师事务所竞争战略研究》，山东大学 2018 年硕士学位论文。

［74］刘俊勇、孟焰、卢闯：《平衡计分卡的有用性：一项实验研究》，载《会计研究》2011 年第 5 期。

［75］卢文忠：《关于企业管理者利他主义行为的理论思考》，载《全国商情·经济理论研究》2010 年第 3 期。

［76］骆静：《知识员工绩效评估公平感及其对工作态度的影响研究》，华中科技大学 2007 年博士学位论文。

［77］马雪梅：《论我国律师事务所的组织形式》，中国政法大学 2004 年硕士学位论文。

［78］孟慧：《研究性访谈及其应用现状和展望》，载《心理科学》2004 年第 5 期。

［79］聂琳玉：《广东 JY 律师事务所的品牌战略管理研究》，华中师范大学 2016 年硕士学位论文。

［80］彭正银、杨静：《基于 DEA 的专业服务企业组织形式及其效率研究——来自审计师与评估师行业的对比》，载《商业研究》2018 年第 12 期。

［81］冉立平：《基于平衡记分卡的企业战略实施研究》，哈尔滨工业大学 2009 年博士学位论文。

［82］沈建华、沈荣芳、李本乾：《学习型组织的内涵及成长机制》，载《财贸研究》2004 年第 1 期。

［83］沈剑：《委托代理关系下国有企业经营中的机会主义行为研究》，陕西师范大学 2017 年博士学位论文。

［84］孙艳兵：《平衡计分卡在高新技术企业绩效管理中的应用》，载《财会月刊》2019 年第 1 期。

［85］田超：《核心能力战略及实证研究》，复旦大学 2003 年博士学位论文。

［86］王百强、侯粲然、孙健：《公司战略对公司经营绩效的影响研究》，载《中国软科学》2018 年第 1 期。

［87］王操红：《知识型企业高绩效工作系统研究》，厦门大学 2009 年博士学位论文。

［88］王锋：《律师事务所智力资本管理研究》，天津大学 2010 年硕士学位论文。

［89］王丽莎：《湖南群宇师事务所竞争战略研究》，湖南大学 2018 年硕士学位论文。

［90］王薪：《L 律师事务所绩效考核优化方案设计》，山东大学 2013 年硕士学位论文。

［91］王亚梅：《A 律师事务所知识型员工激励因素分析与制度设计》，山东大学 2012 年硕士学位论文。

［92］王毅：《我国企业核心能力实证研究》，载《管理科学学报》2002 年第 2 期。

［93］温恒福、张萍：《学习型组织的实质、特征与建设策略》，载《学习与探索》2014 年第 2 期。

［94］吴芳：《合伙制企业绩效管理研究——以 DH 律师事务所为例》，首都经济贸易大学 2013 年硕士学位论文。

［95］吴培冠、陈婷婷：《绩效管理的取向对团队绩效影响的实证研究》，载《南开管理评论》2009 年第 6 期。

［96］武宗章：《国银律师事务所组织变革研究》，郑州大学 2015 年硕士学位论文。

[97] 肖恺乐：《基于平衡记分卡的地方政府执法部门绩效管理研究》，华中科技大学 2016 年博士学位论文。

[98] 谢蓉、周之翔：《律师执业机构组织形式的变革与完善——以〈律师法〉的修改为视点》，载《社会科学研究》2007 年第 6 期。

[99] 谢艳红、徐玖平：《战略绩效考核工具——平衡计分卡（BSC）》，载《商业研究》2005 年第 9 期。

[100] 邢艳利、张宏云：《基于平衡计分卡的战略绩效评估与管理》，载《西北大学学报（哲学社会科学版）》2005 年第 5 期。

[101] 徐静村、穆夏华：《关于合作制律师事务所的若干法律问题》，载《现代法学》1989 年第 2 期。

[102] 徐强胜：《企业形态的法经济学分析》，载《法学研究》2008 年第 1 期。

[103] 徐万里、孙海法、王志伟等：《中国企业战略执行力维度结构及测量》，载《中国工业经济》2008 年第 10 期。

[104] 徐忠良：《凯特律师事务所合伙人利益分配问题研究》，石河子大学 2017 年硕士学位论文。

[105] 杨富：《企业绩效研究述评与展望》，载《财会月刊》2016 年第 1 期。

[106] 杨敏：《股份制律师事务所的产权模式》，载《中国律师》2003 年第 2 期。

[107] 杨宁：《LH 律师事务所的激励机制研究与构建》，西南财经大学 2008 年硕士学位论文。

[108] 杨世信、刘运国、蔡祥：《组织特征与会计师事务所效率实证研究——基于事务所微观层面的数据》，载《审计研究》2018 年第 1 期。

[109] 杨小环：《W 律师事务所（中国）的竞争战略研究》，华南理工大学 2018 年硕士学位论文。

[110] 易少佩：《合作制律师事务所的优越性》，载《法学》1989 年第 8 期。

[111] 于海波、方俐洛、凌文辁：《中国企业学习取向的初步研究》，载《中国管理科学》2003 年第 6 期。

[112] 于海波、方俐洛、凌文辁：《组织学习及其作用机制的实证研究》，载《管理科学学报》2007 年第 5 期。

[113] 于海波、方俐洛、凌文辁：《组织学习整合理论模型》，载《心理科学进展》2004 年第 2 期。

[114] 于红霞：《动态资源整合模型构建及柔性战略管理研究》，天津大学 2007 年博士学位论文。

[115] 于鲁平：《基于平衡记分卡的青岛某律师事务所绩效评价体系研究》，中国海洋大学 2011 年硕士学位论文。

[116] 原欣伟、覃正、伊景冰：《组织中学习与绩效相互作用机理研究》，载《科研管理》2006 年第 6 期。

[117] 曾萍、吕迪伟：《中国企业成长战略选择：基于三种基础观的分析》，载《科技进步与对策》2015 年第 4 期。

[118] 张冰：《JS 律师事务所绩效管理研究》，内蒙古大学 2019 年硕士学位论文。

[119] 张钢、于小涵：《组织网络化发展中的学习机制与创新效率》，载《科研管理》2005 年第 6 期。

[120] 张纪军：《论合作制律师事务所》，载《中国法学》1988 年第 5 期。

[121] 张建云：《关于设立股份制律师事务所之法律思考》，载《中国司法》2001 年第 5 期。

[122] 张静：《HX 律师事务所发展战略研究》，广西大学 2018 年硕士学位论文。

[123] 张利平、仝允桓、高旭东：《资源基础观视角下中国企业的核心能力和竞争策略研究——以李宁体育用品公司为例》，载《科学学与科学技术管理》2009 年第 11 期。

[124] 张倩：《基于知识管理的企业学习型组织模式研究》，哈尔滨工程大学 2005 年博士学位论文。

[125] 张蓉：《W 律师事务所绩效考核优化研究》，西北大学 2019 年硕士学位论文。

[126] 张维迎：《所有制、治理结构及委托—代理关系——兼评崔之元和周其仁的一些观点》，载《经济研究》1996 年第 9 期。

[127] 张学兵：《完备的分配机制是合伙制事务所的稳定基石》，载《中国律师》2002 年第 1 期。

[128] 张雪：《会计师事务所合伙人利益分配机制研究》，浙江财经大学 2014 年硕士学位论文。

[129] 张懿娣：《M 律师事务所服务营销策略研究》，南京理工大学 2018 年硕士学位论文。

[130] 张永平：《YP 律师事务所专业化发展战略研究》，云南财经大学 2017 硕士学位论文。

[131] 张悦玫、栾庆伟：《基于平衡计分卡的战略实施框架研究》，载《中国软科学》2003 年第 2 期。

[132] 张兆芹：《个体学习、组织学习与学习型组织之辨析》，载《比较教育研究》2006 年第 8 期。

[133] 张正堂、李爽：《企业持续竞争优势来源：人力资源还是人力资源管理》，载《科学管理研究》2005 年第 4 期。

[134] 赵时康：《中国规模化律师事务所内部治理结构及其公司制选择》，浙江大学 2019 年硕士学位论文。

[135] 赵兴：《现代企业合伙人制度的三种模式》，载《中国人力资源开发》2015 年第 14 期。

[136] 郑爱翔、周海炜：《专业服务企业专业化成长国外研究评述》，载《科技进步与对策》2015 年第 8 期。

[137] 郑长雪：《律师事务所智慧成本价值管理模式研究》，中国海洋大学 2015 年硕士学位论文。

[138] 郑震：《社会学方法的综合——以问卷法和访谈法为例》，载《社会科学》2016 年第 11 期。

[139] 周建、于伟、崔胜朝:《基于企业战略资源基础观的公司治理与企业竞争优势来源关系辨析》,载《外国经济与管理》2009年第7期。

[140] 周其仁:《市场里的企业:一个人力资本与物力资本的特别合约》,载《经济研究》1996年第6期。

[141] 朱代恒:《律师事务所的公司制改革》,载《中国律师》2001年第1期。

[142] 朱凡:《律师行业发展之制度瓶颈——论中国律师事务所的组织形式》,载《湖南师范大学社会科学学报》2005年第2期。

[143] 朱小平、叶友:《会计师事务所法律组织形式的企业理论观点》,载《会计研究》2003年第7期。

三、外文类

[144] Adams, J. S, *Inequity And Social Exchange*, New York: Academic Press.

[145] Alan D Morrison, Willian. J. Wihelm, "Partnership Firms, Reputation, and Human Capital", *American Economic Review*, (5) 2004.

[146] Alchian & Demsetz. Productin, "Infonnation Costs and Economic Organization", *American Economic Review*, 1972.

[147] Alderfer P Clayton, *Existence, Relatedness and Growth*, New York Free Press, 1972.

[148] Amit, R., & Schoemaker, "Strategic Assets and Organizational Rent", *Strategic Management Journal*, 14 (1993).

[149] Baird, Kevin, Hu, et al, "The relationships between organizational culture, total quality management practices and operational performance", *Journal of Operations Management*, 2011.

[150] Barney JB, "Firm Resources and Sustained Competitive Advantage", *Journal Management*, 17 (1991).

[151] BiBella. A. J, "Developing Learning Organizations: A Matter of Per-

speetive", *Academy of Management Journal*, 1995.

[152] Birger Wernerfelt, "A Resource-Based View of the Firm", *Strategic Management Journal*, 2 (1984).

[153] Chris Argyris, "Action science and organizational learning", *Journal of Managerial Psychology*, 6 (1995).

[154] Christopher Ferrall, "Promotions and Incentives in Partnerships: Evidence from Major U. S. Law Firms", *Canadian Journal of Economics*, 4 (1996).

[155] Colquitt J A, George G, "From the editors: Publishing in AMJ", *Academy of Management Journal*, 3 (2011).

[156] E. K. Valentin, "Swot Analysis from a Resource-Based View", *Journal of Marketing Theory and Practice*, 2 (2001).

[157] Eisenhardt K M, Graebner M, "Theory building from cases: Opportunities and challenges", *Academy of Management Journal*, 1 (2007).

[158] Eisenhardt K M, "Better stories and better constructs", *The Academy of Management Review*, 16 (1991).

[159] Evans J Sttart, "Strategic Flexibility for High Technology Manoeuvres: A Conceptual Framework", *Journal of Management Studies*, 28 (1991).

[160] Honaka I Takenchi H, *The Knowledge Greating Company*, New York: Oxford University Press, 1995.

[161] Jonathan Levin, Steven Tadelis, "Profit Sharing and the Role of Professional Partnerships", *The Quarterly Journal of Economics*, 1 (2005).

[162] Kaplan Robert S, Norton David P, "Having trouble with your strategy? Then map it", *Harvard business review*, 5 (2000).

[163] Kaplan Robert S, Norton David P, "Measuring the strategic readiness of intangible assets", *Harvard Business Review*, 2 (2004).

[164] Margaret A. Peteraf, Jay B. Barney, "Unraveling the Resource-Based Tangle", *Managerial and Decision Economics*, 4 (2003).

[165] Michael Firth, Phyllis L. L. M, Raymond M. K. Wong, "Auditors

Organizational Form, Legal Liability, and Reporting Conservatism: Evidence from China", *Contemporary Accounting Research*, 1 (2012).

[166] Peter M. Senge, Charlotte Roberts, Richard B. Ross, et al, "The fifth discipline field book: Strategies and tools for building a learning organization", *Long Range Planning*, 2 (1995).

[167] Podolny, J. M, "Market uncertainty and the social character of economic exchange", *Administrative Science Quarterly*, 3 (1994).

[168] Raghuram G. Rajan, Luigi Zingales, "Power in a Theory of the Firm", *The Quarterly Journal of Economics*, 2 (1998).

[169] Rajiv D. Banker, Hsihui Chang, Mina J. Pizzini, "The Balanced Scorecard: Judgmental Effects of Performance Measures Linked to Strategy", *The Accounting Review*, 1 (2004).

[170] Scott L. Newbert, "Empirical Research on the Resource-Based View of the Firm: An Assessment and Suggestions for Future Research", *Strategic Management Journal*, 2 (2007).

[171] Tavory S, Timmermans, "Two cases of ethnography Grounded theory and the extended case method", *Ethnography*, 3 (2009).

[172] Teece, D. J., "Explicating dynamic capabilities: the nature and microfoundations of (sustainable) enterprise performance", *Strategic Management Journal*, 13 (2007).

[173] Thomas A. Doucet, Russell M. Barefield, "Client Base Valuation: The Case of a Professional Service Firm", *Journal of Business Research*, 2 (1999).

[174] Vergne, J., & Durand, R., "The path of most persistence: An evolutionary perspective on path dependence and dynamic capabilities", *Organization Studies*, 3 (2011).

图书在版编目（CIP）数据

合伙制律师事务所治理理论与实务／钟国才著.—北京：中国法制出版社，2022.8
ISBN 978-7-5216-2842-5

Ⅰ.①合⋯ Ⅱ.①钟⋯ Ⅲ.①律师事务所-管理-研究 Ⅳ.①D916.5

中国版本图书馆CIP数据核字（2022）第158510号

责任编辑：李宏伟　　　　　　　　　　　　　　　　封面设计：李宁

合伙制律师事务所治理理论与实务
HEHUOZHI LÜSHI SHIWUSUO ZHILI LILUN YU SHIWU

著者/钟国才
经销/新华书店
印刷/三河市紫恒印装有限公司
开本/710毫米×1000毫米　16开　　　　　　　　　印张/12　字数/124千
版次/2022年8月第1版　　　　　　　　　　　　　　2022年8月第1次印刷

中国法制出版社出版
书号 ISBN 978-7-5216-2842-5　　　　　　　　　　　定价：60.00元

北京市西城区西便门西里甲16号西便门办公区
邮政编码：100053　　　　　　　　　　　　　　　　传真：010-63141600
网址：http://www.zgfzs.com　　　　　　　　　　编辑部电话：010-63141804
市场营销部电话：010-63141612　　　　　　　　　　印务部电话：010-63141606

（如有印装质量问题，请与本社印务部联系。）